스타 오디션
30초의 승부

STAR ★ AUDITION

스타 오디션
30 초의 승부

조영수 · 김성한 지음

한국경제신문

★ ★ ★

"가수가 되려면 어떻게 해야 하죠?"

많은 이들이 숱하게 묻지만 막상 답을 해주려면 말문이 막힌다. 어쩌면 당연한 일이다. 사람마다 성대 모양이 다르기 때문이다. 성량과 감정도 다르다. 영재교육이 필요한 이가 있는가 하면 뒤늦게 재능을 발견하는 이도 있다. 대형 기획사에서 체계적인 관리를 받고 싶어할 수도 있지만 틀에 메이지 않고 자유분방함을 추구하는 이도 있을 것이다. 각양각색의 이들에게 정형화된 방식을 알려주기란 애초부터 불가능한 일이다.

알아서 각자 하기 나름이라는 간편한 답을 내놓는 일에도 염증이 날 때쯤 TV에서 오디션 열풍이 불기 시작했다. 최종 우승자에게는 엄청난 상금을 주고 가수 데뷔의 기회를 준다는 기획이다. 붐이 일어나면서 비슷한 포맷으로 방송사들이 경쟁을 벌이기 시작했다.

가수 지망생 입장에서는 희소식이다. 가수가 될 수 있는 새로운 진입로가 마련됐다. 실제로 2009년부터 오디션 프로그램을 통해 제도권 음악 시장으로 나온 이들의 수가 급증하고 있다. 일확천금을 얻고 가수의 꿈을 이루려는 이들로 예선 부스는 차고 넘친다.

지망생들의 경쟁과 도전에 이토록 전 국민의 관심이 쏠리는 이유가 무엇일까. 노래 자랑이나 싸움 구경을 하는 재미는 아닐 것이다. 오디션 프로그램은 이제 전 국민의 놀이 문화로 자리 잡았다. 음악을 새로 배우는 교과서가 됐고 추억을 곱씹는 소통의 장이 됐다.

무엇보다 가수가 되어가는 과정을 적나라하게 보여준다. 가수로서 갖춰야 할 소양과 덕목을 미션을 통해 공개한다. 시청자는 막연했던 좋은 가수의 기준을 오디션을 통해 확인한다. 오디션 지원자 가운데 좋아하는 사람이 생기면 팬으로서의 지원도 마다하지 않는다.

안타까운 것은 시청자가 갖는 기대는 점점 높아지는데 지원자의 대처 수준은 이에 훨씬 못 미친다는 것이다. 기성 가수를 복제하는 데서 그치거나 실력에 비해 마음만 앞서는 이들이 내부분이다. 이런 것만 놓고 본다면 오디션 지원자 200만 시대는 거품일 수도 있다.

이 책의 고민은 바로 그 지점에서 출발했다. 하루가 다르게 높아지는 일반 대중의 안목에 비해 뒤쳐져가는 지원자의 대처가 아쉬웠다. 오디션 프로그램은 프로가 되고 싶은 아마추어의 경연장이다. 기준선이 프로에 맞춰져 있다는 점을 잊어선 안 된다.

불 같은 열정과 기구한 사연도 있는데 번번이 오디션에서 미끄러진다면 스스로를 냉정하게 돌아봐야 한다. 오디션 프로그램은 시대의 흐름에 보조를 맞추고 있다. 대중이 가수에게 원하는 지향점이기도 하다. 중요한 무언가를 놓치고 있다는 걸 감지해야 한다.

이 책은 오디션 프로그램에 지원하려는 지망생에게 밑그림을 그리게 해줄 것이다. 내공이 쌓여가는 이에게는 가속 페달을 밟게 해줄 것이다. 실력이 출중하고 경험도 많지만 오디션에 임하는 기술이 부족한 이에게 천군만마가 돼줄 것이다.

그렇게 하기 위해 이 책은 첫째, 나이 어린 학생도 이해할 수 있도록 쉽고 편한 문체로 썼다. 둘째, 선배들의 실제 사례를 소개하고 조언을 담는 데 힘썼다. 셋째, 미션에서 생존 확률을 높이는 데 집중했다. 피해야 할 금기 사항을 추려 결정적인 실수를 줄이는 데 주력했다. 넷째, 마지막 장은 실전을 앞두고 최종 점검 차원에서 확인할 요소를 담았다. 결과적으로 이는 없는 정답을 찾는 과정에서 탈피해 미션의 해법을 몸에 익히는 과정이 될 것이다.

이 책을 쓰는 과정은 고되기보다 즐거운 과정이었다. 오디션을 분석하고 되짚으면서 일반 대중이 가요계에 바라는 트렌드를 읽을 수 있었다. 오디션 주변 인물을 만나는 과정도 흥미로웠다. 김용범 CP를 비롯한 제작진과 대형 기획사의 신인개발팀 관계자들은 열린 마음으로 인터뷰에 응해주었다. 이들은 한국 음악 시장의 선순환구조가 정착되기 위해 오디션 프로그램이 대안의 하나로 정착되기를 고대하고 있었다.

무엇보다 오디션에 참가했던 선배들은 후배를 위해 아낌없이 자신의 준비 과정을 털어놓았다. 이들은 모두 오디션을 보던 그때로 돌아가기를 원했다. 도전의 순간이 주는 맹목에 가까운 희열 때문일 것이다. 또한 자신을 대신해 무대에 설 후배들의 행운을 빌어주는 데 인색하지 않았다. 주저 없이 도움을 준 김그림, 김지수, 박보람, 셰인, 이보람, 조형우, 허각에게 고마운 마음을 전한다.

믿음과 사랑으로 묵묵히 지켜봐 주신 가족에게도 기다림의 결과물을 안길 수 있어 행복하다. 책이 출간될 수 있도록 물심양면으로 도와주신 고규대 님, 남규석 님 그리고 한경BP 관계자께도 감사의 말씀을 드린다.

부디 이 책이 이 땅에서 가수의 꿈을 키우는 모든 오디션 지망생에게 작은 보탬이 될 수 있기를 소망한다.

2011년 여름
조영수·김성한

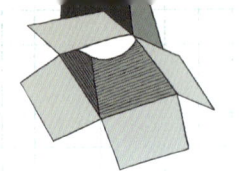
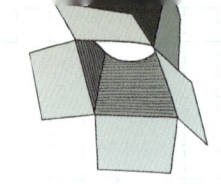
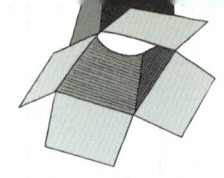

도전은 시작됐다

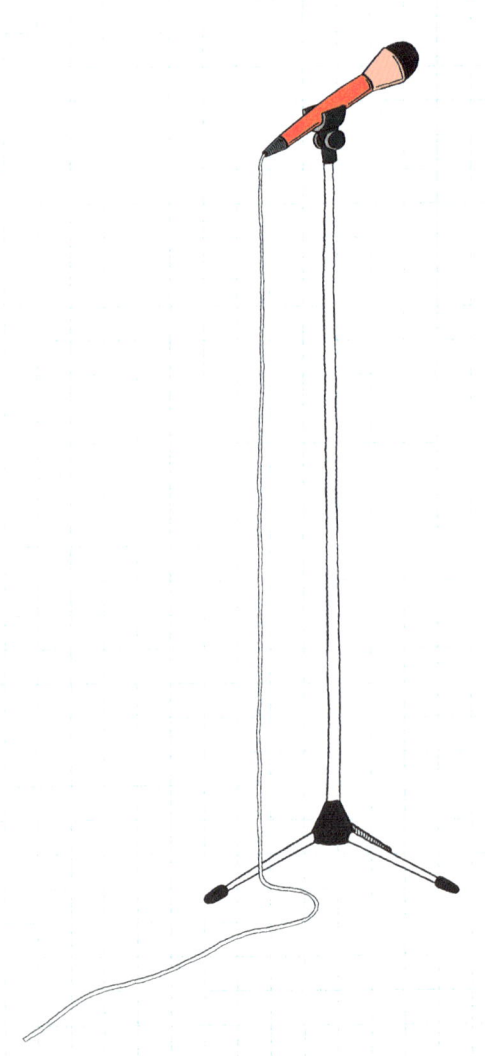

★ ★ ★

　대한민국 전체가 오디션 열풍이다. 가수뿐만 아니라 이제는 각계각층의
인물도 오디션으로 뽑고 있다.

　전 국민이 오디션에 적응하면서 지원자가 갖춰야 할 실력 또한 무한
상승하고 있다. 시청자는 보다 잔인한 미션과 보다 치열한 대결을 원하
고 있다. 이번 시즌에 도전할 지원자들의 실력이 월등히 상향 평준화될
것이라는 예상이다. 《슈퍼스타K》시즌2 심사위원 이승철이 "시즌1 지
원자는 잘해야 시즌2 톱11에 2, 3명 들기도 어려웠을 것"이라고 말한 것
처럼 전반적인 실력 상승은 시즌3 역시 예외가 아니다.

　지원자의 수준 상승은 제작진에게는 행복을, 심사위원에게는 보람
을, 그리고 시청자에게는 재미를 안겨준다. 하지만 지원자의 부담은 더
욱 커졌다. 그렇다고 오디션을 포기해야 할 것인가? 월등한 실력을 가지
고 간절한 바람과 함께 매일매일의 땀방울을 흘릴 각오가 없다면 그렇
게 하는 것이 좋겠다. 하지만 그게 아니라면 앞으로 벌어질 강적들과의
대결을 어떻게 대비해야 할까?

　뚜렷한 한 가지로 주목을 끌어야 하는 것은 오디션 불변의 철칙이다.
초반 30초를 장악하지 못하면 나머지 30초마저 허락되지 않는다.

　오디션에서는 오로지 절정과 결말이 있을 뿐 기승전결은 존재하지 않

는다. 심사위원은 많이 준비했다고 자비를 베풀지 않는다.

맞붙을 상대는 강하다. 만반의 준비를 하고 나오기 때문이다. 따라서 자신을 냉정하게 돌아봐야 한다. '이 정도면 되겠지'라는 안일함은 위험하다. 파괴력 있는 한 방을 자신에게서 끌어내지 못하면 다음 무대는 없다.

★ ★ ★

"어디서 이렇게 괜찮은 친구들이 나오지? 더 없을 것 같은데. 이미 다 나와서."

《슈퍼스타K》 시즌3 인천 3차 예선을 마친 심사위원 윤종신의 트위터 소감이다. 심사의 기준이 까다롭기로 유명한 그마저도 끝도 없이 나오는 재주꾼에 감탄을 넘어 의구심을 제기할 정도다.

실력자들이 몰려들어 '천운'이 닿은 것 같다고 시즌2를 자평한 《슈퍼스타K》의 제작진도 은근히 자신감을 드러내기 시작했다. 광주 지역 예선에서 만난 제작진은 기구한 사연을 가진 뛰어난 실력의 지원자가 몰려들면서 표정관리에 신경을 쓰는 눈치였다.

《슈퍼스타K》의 '산파' 역할을 한 김용범 CP는 "은둔해 있던 전국의 실력자들이 오디션 프로그램을 가수 데뷔의 한 창구로 인정하기 시작했다. 진정성을 가지고 지원자가 가수로 커가는 것을 지원하고 싶어한다는 걸 알아주는 것 같아 뿌듯하다"고 말했다.

지망생들이 실력으로 자웅을 다투는 모습을 보고 가수로 발탁해 데뷔시키는 역할은 이제 TV의 몫이다. 아니 정확하게 TV를 보는 시청자의 몫이 됐다. 여기에 제작진은 평가 과정을 공개하며 공정성과 정확성을 확보하기 위해 많은 노력을 기울이고 있다.

가수가 되고 싶어도 방법을 몰랐던 이들에게 이보다 더 희망적인 뉴스가 있을까. 이제 대형 기획사의 오디션에만 목을 매지 않아도 된다. 꿈을 이루기 위해 어두운 경로를 통할 필요는 더더욱 없다. 상업 가수가 되기 위해 기존 음악 성향을 포기할 필요도 없다. 개성으로 무장해 가요 시장을 긴장시키는 오디션 스타가 늘어나고 있다.

외모에 자신이 없어서, 집안 형편이 넉넉하지 못해서, 학력이 출중하지 못해서 가수를 포기한다는 건 이제 옛일이 돼버렸다. 이제 못나고 못 배워서 그리고 가진 게 없어서 가수가 될 수 없다는 말은 핑계에 불과하다. TV오디션은 지독하리만큼 공정하게 지원자의 실력과 개성을 평가하고 있다.

도전이 없다면 기회도 없다. 열정이 없다면 꿈을 이룰 수 없다. 세상을 원망해도 환경을 탓해도 소용 없다. 실력이 부족하고 용기가 모자란 자신의 책임이기 때문이다. 그래도 주저된다면 이들을 떠올려보자.

Audition

서인국, 허각 그리고 백청강. 이들은 평탄하지 못한 환경 속에서 스스로의 꿈을 개척한 인물들이다. 이들의 무기는 용기였고 이들의 재산은 열정이었다. 이들은 또 한번 거대한 파도를 타고 있다. 직업 가수라는 타이틀에 걸맞은 뮤지션이 되기 위해 부단한 노력을 이어가고 있다.

이들처럼 꿈을 위해 모든 것을 던질 것인가? 아니면 평생 용기 없음을 원망하며 살 텐가? 부단한 노력으로 치밀하게 준비를 했다면 이제 도망치지 말자. 주사위는 던져졌고 룰렛은 돌기 시작했다.

인생을 건 거대한 쇼 한 편이 시작됐다. 사람들의 주목에 착각하지 말자. 스타가 된 것처럼 우쭐거려도 곤란하다. 쇼의 주인공은 당신이 아니라 음악을 향한 당신의 진정성일 테니 말이다.

013

Audition

C ★ NTENTS

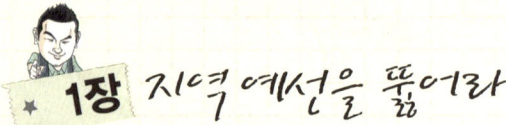

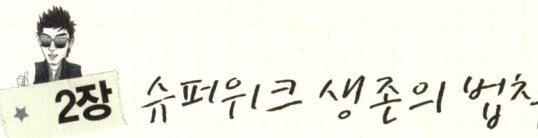

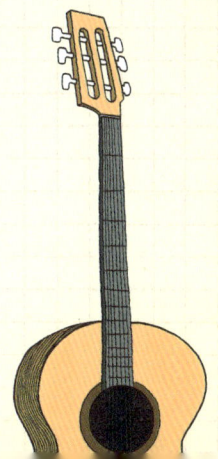

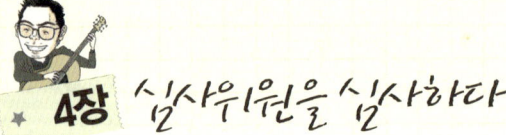

4장　심사위원을 심사하다

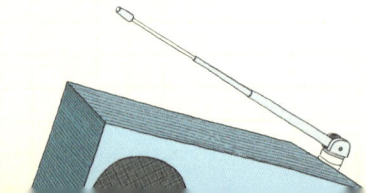

5장 스타 오디션, 원포인트 레슨

Audition

01

지역 예선을
뚫어라

오디션의

묘미는 경연장 안에 '절대' 강자도 '절대' 약자도 없다는 데 있다. 당연히 승부를 쉽게 예측하기도 어렵다. 의외의 결과가 나오기도 하고, 극적인 반전이 거듭된다. 사람의 재능을 사람이 평가하기 때문에 주관이 개입되며 생각지 못한 변수가 돌출하기도 한다.

실력은 노래방 점수처럼 순식간에 판가름 나지 않는다. 고음을 '삼단'에서 '팔단'까지 기록 경신하듯 낸다고 높은 점수를 받는 것도 아니다. 기성 가수를 흉내 내면 개성이 없다고 하고, 기교에 능하면 발전 가능성이 없다고 한다.

반대로 소리만 지르는 것 같은데 타고난 성량이 좋다고 하고, 엉성해 보이는데 리듬감이 훌륭하다고 한다. 튜닝이 안 된 기타로 반주를 해도 합격하는가 하면 6세 꼬마의 재롱이 본선 무대에서 경쟁자를 누른다.

도무지 알 수 없는 변수로 가득한 오디션 세계. 따라서 오디션을 통과하는 데 정답은 없다. 오히려 오디션은 답을 찾아가는 과정이다. 이는 대중이 원하는 단 1명의 스타가 만들어지는 과정이고, 그 스타의 자리에 자신을 대입해보는 시간이다. 유력했던 후보가 떨어지기도 하고 전혀 예상치 못했던 인물이 승자가 되기도 한다.

매년 숱한 지원자가 실낱같은 희망을 안고 오디션의 답을 찾아 나서지만 지원자의 대부분은 2차와 3차로 구성된 지역 예선의 고비를 넘지 못한다.

숫자가 그 어려움을 보여준다. 71만 3,503명이 지원한 《슈퍼스타K》 시즌1에서 지역 예선을 통과해 '슈퍼위크'에 오른 사람은 단 129명뿐이다. 확률로 따지면 0.018%의 생존율이다. '시즌2'는 더욱 잔인하다. 134만 6,402명이 지원해 역시 단 151개 팀이 살아남았다. 생존율은 0.011%. 1만 명 가운데 1명꼴로 '슈퍼위크' 무대에 선다는 계산이 나온다.

가혹하고 치열하다. 어렵다는 사법고시도 이 정도일까? 하지만 상황을 뒤집어보고 입장을 바꿔보자. 해야 할 것과 하지 말아야 할 것을 구분해 머릿속에 하나씩 새기자.

다시 한 번 말하지만 오디션은 답을 찾아가는 과정이다. 뜻하지 않은 변수를 만나 난감할 수도 있지만 자신의 장점을 발견하는 행운을 만나기도 한다. 매 순간 민첩하게 대처하는 순발력과 어떤 상황에서도 침착할 수 있는 배포가 있다면 당신도 기적의 주인공이 될 수 있다. 기적은 언제나 의외의 상황에서 나온다는 걸 잊지 말자.

이번 장에서는 오디션 프로그램과 대형기획사의 초기 심사방법으로 통용되고 있는 ARS와 UCC 지원요령을 시작으로 지역 예선에서 벌어질 수 있는 주요 상황을 다각도로 분석했다.

첫 단추를
잘 끼워라

 전화오디션

ARS를 통한 전화오디션은 오디션 프로그램뿐만 아니라 대형기획사에서 진행하는 초기 심사 방식이다. 밀려드는 지원자를 일일이 살펴보기 어렵고 오프라인에서 치르는 오디션의 경비도 만만치 않기 때문이다.

《슈퍼스타K》와 《위대한 탄생》 모두 1차 예선은 ARS로 대체한다. 참가자들 사이에서 변별력은 크게 없었다는 이야기가 돌았다. '애국가'나 동요를 슬슬 불렀는데 합격했다는 지원자도 있고, 쉬지 않고 소리만 질렀는데 합격했다는 무용담도 있다.

전화로 우열을 가리기는 사실상 한계가 있다. 제작진도 이런 사실을 잘 알고 있다. 그래서 ARS오디션은 노래의 실력을 따지기보다 지원자의 의지를 확인하는 과정으로 쓰인다.

지원자가 30초 이상 노래를 부르는 과정은 장난삼아 지원하는 것이 아니라는 점을 명확하게 해두려는 것이다. 반대로 이 과정은 지원자에게 오디션의 시작을 마음에 담는 심적 증표가 되기도 한다.

간단하고 명료한 과정이지만 뜻하지 않게 탈락하는 대형사고가 없을 수 없다. 확실히 해둔다고 나쁠 건 없으니 돌다리를 두드리는 심정으로 4가지 필수 사항을 알아보자.

♛ 첫째, 끊기 전에 잠깐

노래가 끝났다고 녹음 역시 완료되었을까? 90년대 호출기를 떠올리며 수화기를 그대로 내려놓아도 녹음이 되었다고 추측하지 말자. 녹음이 됐다면 다행인데 그렇지 않다면 그보다 큰 낭패가 없다. 반드시 다시듣기 버튼을 눌러 녹음 상태를 확인해야 한다.

♛ 둘째, 무선보다 유선

휴대전화 감도가 아무리 개선됐다고

023

해도 유선전화의 안정감을 따라가지는 못한다. 유선전화를 찾아 공중전화 부스를 애용하기도 하지만 말리고 싶다. 모험을 즐기는 성격이 아니라면 통화 금액이 떨어지는 걸 확인하며 노래하지는 말자. 편안하게 집 전화를 이용할 것을 당부한다.

♔ 셋째, 라이브 무대는 데뷔한 뒤에

다년의 무대 경력이 있는 지원자도 전화오디션은 상당히 긴장된다. 그렇기 때문에 친구와 함께 긴장감을 떨치려는 이들이 많다. 친구들의 응원으로 왁자지껄한 분위기에서 노래 한 소절을 부르겠다는 것을 비난할 수는 없다. 하지만 대충해도 통과할 수 있는 전화오디션이라고 해도 주변 소음이 들어가는 것은 정성의 문제다. 관객을 모아 라이브 공연을 펼치고 싶다면, 지금은 아쉽지만 데뷔 뒤로 미루자.

♔ 넷째, 연락할 방법이 없네~

전화오디션 안내문에는 통보 받을 연락처를 정확히 기재하라고 되어 있다. 누가 그런 기본적인 실수를 할까 싶지만 의외로 '연락두절' 지원자가 적지 않다. 투표로 따지자면 아무 짝에도 쓸모없는 '무효표'로 자신을 전락시킬 것인가? 주요 인적 사항을 재차 확인하는 정성은 제작진이 숨겨놓은 평가 항목 가운데 하나라고 할 수 있다.

 UCC오디션

지역이나 해외 지원자들이 끼와 재능을 담아 오디션 프로그램이나 대형 기획사의 정기 오디션에 UCC를 통해서 지원할 수 있다. 흔한 경우는 아니지만 우연하게 올린 UCC 한 편이 온라인에 화제가 돼 유명 인사가 되는 일도 심심치 않게 일어난다.

《위대한 탄생》의 경우 UCC오디션을 적극 활용하고 있다. MBC홈페이지를 통해 100초 분량의 UCC를 접수 받았다. 자신의 동영상뿐 아니라 재능 있는 지인의 동영상도 추천하도록 했다. 또한 해외 50개 나라에 걸쳐서 UCC로 오디션 지원을 받았다.

오디션의 UCC 활용 움직임은 꾸준히 이어지고 있다. 하지만 지원자가 UCC오디션에서 무엇을 어떻게 보여줄지에 대해서는 이렇다 하게 알려진 것이 없다. 하지만 난처하기는 오디션 담당자도 마찬가지다. 동영상만으로 지원자의 재능을 감별하는 일이 쉽지만은 않다.

안 할 수는 없고 하려니 애매한 것이 UCC오디션의 현주소다. 그럴수록 지원자에게는 해볼 만한 도전이다. 평가 기준이 모호할수록 지원자가 보여줄 표현의 폭은 넓어지기 때문이다. 베일에 싸인 UCC오디션의 실체를 낱낱이 파헤쳐보자.

♛ 너희가 UCC를 믿느냐?

UCC오디션은 지원자를 음성으로만 확인하는 전화오디션보다 진일보한 형태임은 분명하다. 하지만 오디션은 대면 면접 방식을 기본으로 하는 것이 원칙이다. 실제로 대형기획사는 UCC오디션을 꺼린다. 어쩔 수 없어 UCC오디션을 진행한다 해도 나중에 서로의 얼굴을 마주하는 오디션 과정을 반드시 밟는다. 회사마다 차이가 있지만 대형기획사는 대체로 지원자가 보내온 UCC자료를 참고만 한다.

애써 만든 UCC가 참고용에 불과하다니 지원자 입장에서는 억울할 수도 있다. 하지만 여기에는 나름의 사정이 숨어 있다. 지원자의 실력을 냉정하게 판단하기에 UCC 제작 과정이 심히 의심스럽다는 것이다. 의도한(?) 오류들 때문에 평가를 제대로 하지 못하는 경우가 다반사다.

예를 들어 특수 효과를 사용하거나 조명을 이용해 UCC를 만나는 것은 이제 드문 일이 아니다. 얼굴은 기본 형태조차 분간이 어려울 정도다. 고의로 생각될 만큼 노래가 또렷하게 들리지 않는 경우도 있다.

한 편의 뮤직비디오를 만들어 자신을 어필하겠다는 정성을 외면하고 싶지 않지만 실력을 냉정하게 평가하겠다는 오디션의 본질과는 이미 동떨어졌다. 뮤직비디오 감독이 아니라 가수 지망생을 선발하는 과정이라는 기본 취지를 잊어선 안 된다.

♔ 안 되면 될 때까지

UCC오디션은 평가자에게 천하에 못 믿을 존재지만, 반대로 지원자에게 굉장히 매력적이다. 평가자가 불리하다고 느낄 만큼 지원자가 누릴 수 있는 혜택이 많다.

지원자는 우선 편안한 공간에서 익숙한 장비로 유감없이 실력을 발휘할 수 있다. 조명이나 앵글 등으로 자신의 단점은 감추고, 장점은 돋보이게 할 수 있다. 또한 실수를 하더라도 다시 녹화하면 그만이다. 여러 번 시도해서 가장 좋은 결과물을 뽑아낼 수 있는 것은 UCC만의 장점이다.

가장 중요한 것은 평가자가 코앞에서 지켜보지 않는다는 점이다. 오디션이 주는 극도의 긴장감에서 자유로울 수 있고, 의도치 않은 방해나 불쑥 튀어나오는 변수가 없다. 자신이 오디션을 주도해 전체 구성을 스스로 짜면서 장점을 집중해서 어필할 수 있다. 일종의 '오픈 북 테스트'라고 할 수 있다.

♔ 셀프카메라가 아니다

지원자가 가장 많은 준비를 할 수 있는 UCC오디션. 하지만 오디션의 기본 원칙은 변하지 않는다. 아무리 UCC오디션이라고 해도 오디션의 기본에서 자유로울 수 없다.

먼저 똑 부러지는 자기소개를 빠뜨려서는 안 된다. 간단한 인적사항과 준비한 내용, 그리고 오디션에 참여하게 된 동기를 조리있게 설명해야 한다. 추후 오디션을 위한 연락처 기재도 잊어선 안 된다.

무엇보다 할당된 시간 분량을 지켜야 한다. 가장 자신 있는 부분을 압축해서 보여줘야 한다. 많이 준비했다고 해서 담당자가 끝까지 인내심을 가지고 지켜본다는 보장이 없다. 자신이 자신의 모습을 찍지만, 결코 셀프카메라로 착각해서는 안 된다. 구성은 지원자 위주로 할 수 있지만 평가는 내가 아닌 담당자의 몫이다. 담당자가 정지버튼을 누르는 순간 기회도 날아간다.

바로 앞에 평가자가 있다고 생각하고 노래 한 소절, 춤 한 동작에 열의와 정성을 다해야 한다. 평가자는 더욱 꼼꼼한 시선으로 지원자의 모든 것을 확인하려 든다. 자신 없는 부분은 과감하게 생략해야 한다. 어설픈 춤이나 완성되지 않은 노래는 감점이 아니라 탈락을 뜻한다. UCC오디션은 평가의 일부지 전부가 아니라는 점을 명심해야 한다.

♛ 스타 UCC 따라잡기

UCC오디션에 전력을 다하고 싶은 지원자. 하지만 앞선 설명으로도 도무지 감을 잡지 못하겠다면 마지막 방법이 있다. 어쩌면 가장 확실하고 가장 정확한 해법일 수도 있다. 놀라운 효험에 비해 약간의 검색 능력만 있으면 의외로 쉽게 구할 수 있다는 장점도 있다.

그토록 찾아 헤매던 UCC오디션 정복의 열쇠는 엉뚱하게도 온라인에 떠돌고 있다. 바로 스타들의 과거 오디션 동영상. 거기에 UCC 오디션의 해법이 숨어 있다.

소녀시대와 원더걸스 멤버를 비롯해 최근 대세로 떠오른 아이유의 과거 오디션 동영상은 UCC오디션에 대해 적잖은 시사점을 담고 있다. 지금까지 재미로 이들 동영상을 봤다면 이제 오디션 평가자의 입장에서 다시 살펴보자. UCC오디션의 모범 요소가 많이 담겨 있기 때문이다.

이들은 떡잎부터 달랐다. 이들의 과거 동영상은 UCC오디션이 지켜야 할 기본에 충실하다. 정직한 카메라 앵글에서 조리 있게 자신을 소개하고, 노래와 춤을 군더더기 없이 선보인다.

이들의 구성은 UCC오디션이 갖춰야 할 정수만을 모은 듯 간결하면서도 짜임새 있다. 카메라를 노려보며 활짝 웃는 이들의 자신감과 대범함은 여느 지원자에게서 찾아보기 어려운 모습이다. 왜 이들이 어린 나이에 발탁될 수 있었는지를 확인할 수 있다.

이들의 과거 영상은 UCC뿐만 아니라 오디션 전체에도 좋은 교과서이자 참고서다. 적극적으로 이들의 장점을 수용해야 한다. 이들에게 단점이 발견된다면 자신에게 이 같은 문제가 없는지 재차 확인해야 한다. 오디션에 임하는 태도나 무엇을 어떻게 담았는지 구성에 많은 비중을 두고 관찰해야 한다.

물론 모범적인 것이지 불변의 정답은 아니다. 답을 찾아 완성하는 건 지원자의 몫이다.

031

오디션의
정석

지역 예선은 실전의 시작이다. 어떤 심사위원을 만날지 모르고 심사장의 분위기도 가늠할 수 없다. 모두가 예상하겠지만 만만치 않다. 단한 번의 기회가 주어지고 패자부활전은 없다.

　지원자 선배들은 지역 예선부터 마음을 단단히 먹으라고 충고한다. 수만 명의 지원자가 몰리면서 심사장에 입장하는 데만 반나절 이상 걸린다. 연습을 하며 기다리기에도 지칠 정도의 긴 시간이다. 출중해 보이는 경쟁자들 사이에서 시간과 외로운 줄다리기를 벌이는 일은 고되기만 하다. 지역 예선부터 실력 외에 기초체력과 인내심을 평가받는 셈이다.

　지난한 과정을 힘들게 이겨내고 심사장에 들어서도 따뜻한 환영은 없다. 쫓기듯 떠밀려 들어가 주어지는 시간은 단 1분. 지원자는 보여줄 것

이 많지만 심사위원은 '다음'을 외치기 일쑤다. 어떻게 심사위원의 마음을 살까 고민하는 순간, 퇴장을 알리는 불빛이 켜진다. 힘 한 번 못 쓰고, 칼 한 번 못 뽑고, 황망하게 심사장을 나오는 지원자가 대다수다.

그렇다면 과연 무엇을 준비하고 어떻게 보여줄 것인가? 앞서 설명했듯이 안타깝게도 오디션에는 정답이 없다. 변화무쌍하고 예측불허다. '이 노래 부르면 무조건 합격' '이 춤이면 고득점 확보' 등의 족집게 과외가 소용없다.

'정석(定石)'이라는 표현을 쓴 것은 지역 예선을 통과할 비법을 알려주겠다는 의미가 아니다. 단 1분의 시간에 엇갈린 합격과 불합격의 사례를 분석해 이들의 차이가 무엇이고, 이들의 공통점은 무엇인지, 합격자와 불합격자와의 차이가 무엇인지 패턴을 알아야 한다는 뜻이다.

그렇다고 합격한 이들의 공식을 모방하라는 얘기는 아니다. 오히려 출중한 실력에도 불합격한 이들의 실수를 피해야 한다는 뜻이다.

합격 공식은 서바이벌 오디션에 애초부터 존재하지 않는다. 떨어질 수 있는 요소들은 모두 피해서 합격의 확률을 높이는 데 주력하는 것이 현명하다. 사례마다 자신을 대입해 머릿속에서 시뮬레이션 하는 것도 잊지 말자.

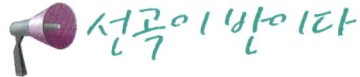

선곡이 반이다

요리사는 조리 실력만으로 인정받지 않는다. 무엇보다 먼저 재료를 고르는 안목이 뛰어나야 훌륭한 요리사가 될 수 있다. 신선한 재료를 확보해야만 맛있는 요리가 가능하다. 요리 솜씨는 다음 문제다.

지역 예선을 통과하려는 지원자 역시 자신에게 맞는 노래를 고르는 안목이 매우 중요하다. 지정곡이 따로 없는 경우 선곡의 영향력은 절대적이다. 선곡이 반이라는 말은 괜히 나오지 않았다. 심사장에 들어서는 마지막 순간까지 선택한 노래가 최선인지 곱씹어봐야 한다.

물론 좋은 노래를 만나기 위한 요령은 따로 없다. 굳이 꼽아보자면 많은 노래를 듣고 정확하게 불러보는 방법 외에는 없다. 품을 많이 팔수록 자신에게 맞는 곡을 만날 확률이 높아진다는 얘기다.

많은 곡을 찾았으면 자신과 맞지 않는 곡을 하나씩 지워나가는 과정을 밟아보자. 막연하게 즐겨 듣던 노래를 따라 부르는 것과는 달리 선곡할 수 있는 노래의 수는 그다지 많지 않을 것이다. 고를수록 어렵지만 고민할수록 보람을 느낀다는 선곡의 묘미에 빠져보자.

♔ 팝송보다 가요

《슈퍼스타K》나 《위대한 탄생》 같은 오디션프로그램은 국내 가요계에서 활동할 신인가수를 뽑는 자리다. 일약 스타로 발돋움해서 해외 활동을 할 수도 있지만 이는 미래의 희망사항이다. 당장 해외대회에 출전시킬 대표 선수를 뽑는 자리가 아니다. 수출용이 아닌 내수용이라는 얘기다.

발탁되는 이들을 국내 프로무대에 세우는 것이 먼저다. 그래서 이들에게 요구되는 종목도 우리 가요가 우선이다. 팝송보다 가요를 소화하는 능력을 높게 평가한다. 여기에는 국내 오디션 담당자의 오랜 고정관념도 깔려 있다.

이들은 팝송을 부를 경우, 가요를 부를 때보다 자신의 노래실력이 더 우월하게 들릴 수 있다고(착음현상) 지적한다. 또한 팝송을 부르면 발음과 발성, 그리고 음색을 명확하게 구분하기 어렵다는 담당자로서 현실적인 이유도 토로한다.

이는 갈수록 늘어나는 해외 지원자들이 새겨들어야 할 내용이다. 팝송을 부를 때 발음면에서 국내 지원자에 비해 상대 우위를 점하는 해외 지원자들은 '팝 프리미엄'을 적극 활용해야 한다. 하지만 아무리 팝을 원숙하게 불러도 가요를 소화하지 못하면 탈락할 가능성이 높다. 운 좋게 지역 예선을 통과해도 본선 무대에서 겪을 부담은 눈덩이처럼 불어난다.

《슈퍼스타K》 시즌2 준우승자 존박이 좋은 예다. 그는 지역 예선 당시 엘리샤 키스Alicia Keys의 〈이프 애인트 갓 유If I ain't got you〉로 심사위원의 주목을 끌었다. 정확한 발음과 발군의 곡해석 능력이 드러나는 순간이었다. 하지만 그가 이어 원더걸스의 〈투 디퍼런트 티어스2 Different Tears〉를 자신만의 느낌으로 편곡해 부르지 못했다면 예선 통과를 장담할 수 없었을 것이다.

해외 지원자라면 '슈퍼위크' 조별 미션 당시 2AM의 〈죽어도 못 보내〉의 가사를 제대로 소화하지 못해 탈락의 쓴 맛을 봐야 했던 존박의 또 다른 장면도 함께 머릿속에 넣어둬야 한다. 본선 무대에서 기다리는 미션곡의 90% 이상이 가요라는 점을 감안하고 충분히 대비하도록 하자.

♔ 난곡難曲보다 락곡樂曲

《슈퍼스타K》 시즌2에서 지원자들이 가장 많이 고른 노래는 이은미의 〈애인 있어요〉다. 누가 시키지도 않았지만 남녀노소 할 것 없이 심사장에 들어서면 이 노래를 꺼내 불렀다. 〈애인 있어요〉는 노래 잘하기로 '공인'받은 이은미의 대표곡이다. 이 노래를 부르면 누구나 이은미를 떠올린다. 높은 음역대를 가뿐하게 넘기는 드라마틱한 곡 전개와 애절한 감정 표현은 이 노래의 백미다.

하지만 착각해서는 안 된다. 이 노래를 부른다고 이은미가 되는 것은 아니다. 오히려 이은미와 비교될 수 있다는 점을 간과해서는 안 된다. 이 노래를 고른 지원자 중에 누구도 본선 진출에 성공하지 못했다는 점은 이를 잘 설명해준다.

오디션은 단 한 번의 기회다. 1차 시기에서 실패하면 끝장이다. 어려운 곡을 골라 성공 가능성을 스스로 낮추는 것은 모험이다. 음역대를 낮추더라도 자신의 매력을 드러낼 수 있는 노래를 고르는 것이 합격의 확률을 높이는 방법이다. 충분히 몰입해서 음악을 즐기고 있다는 걸 심사위원에게 전달하는 것이 중요하다.

아래 표는 《슈퍼스타K》의 제작진이 직접 골라 발표한 위험한(?) 선곡의 예다. 실력 발휘는 본선에서 충분히 할 수 있다. 예선에서는 살아남는 것이 최우선이라는 점을 명심하자.

★ 오디션에서 망하기 쉬운 노래 TOP 9 ★

순위	가수	노래
1	이은미	애인 있어요
2	포맨	못해
3	김연우	지금 만나러 갑니다
4	거미	그대 돌아오면
5	이영현&제아	하모니
6	정재욱	잘가요
7	임창정	날 닮은 너
8	드렁큰 타이거	오천원
9	M4	널 위한 멜로디

듣기 좋은
풍월도
한두 번이지~

♛ 인생의 애절함을 담아라

노래는 부르는 이와 듣는 이가 멜로디에 올린 가사로 소통하는 과정이다. 부르는 이의 인생이 투영될수록 노래의 힘은 배가 된다. 복잡다단했던 과거사로 나락까지 떨어졌던 가수가 애절한 발라드로 재기하는 걸 가끔 본다. 이를 지켜볼 때마다 단순히 노래가 좋아서라는 설명은 어쩐지 부족하다.

앨범 제작자들은 노래 이상의 개인사가 묻어나오기 시작하면 대책이 없다는 말을 자주 한다. 대중이 알아서 감정이입을 하기 시작하면 소위 '대박'은 따놓은 당상이라는 말이다. 이때부터는 그야말로 '부르면 터진'다. 제작자들은 '스토리텔링'이 되는 스타를 찾기 위해 오늘도 동분서주한다. 가수 이상의, 노래 이상의 그 무엇을 보고 싶고, 듣고 싶어하는 대중의 심리를 잘 알고 있기 때문이다.

오디션 역시 부르고 듣는 사람들이 노래로 소통하는 과정이라는 데 예외일 수 없다. 부르는 사람의 사연이 노래에 투영되고 지원자의 간절함이 전달될 때 심사위원의 마음은 요동친다. 외로운 삶 속에서 노래가 유일한 치료제였다고 고백한 장재인의 자작곡 〈그곳〉과 아버지 생전에 노래를 불러드리지 못한 애끓는 마음을 담은 박보람의 〈내 눈을 보아도〉는 심사위원이 쉽게 지나칠 수 없는 여운을 던졌다.

사실 인생사를 노래로 담아내기란 쉽지 않은 일이다. 가사와 멜로디

등 전체적인 분위기가 지원자와 하나로 겹쳐지기 어렵다. 지원자가 노래 속의 이야기를 담아 부르려 해도 심사위원이 이를 느끼지 못할 수도 있다. 억지로 되는 일이 아니라는 얘기다.

대신 인생의 한순간을 즉흥적으로 노래할 수는 있다. 제주 예선에 참가했던 김지수가 좋은 예다. 제주 예선은 그해 국내에서 유일하게 야외에서 진행됐다. 그는 당시까지 생소했던 모이다밴드의 〈초콜릿 드라이브〉를 기타와 함께 노래했다.

잔잔한 파도와 쏟아지는 햇볕 그리고 은은하게 불어오는 바람이 노래와 절묘하게 어우러졌다. 그는 다른 노래를 선곡했다가 현장에서 계획을 바꿨고, 결과적으로 심사위원의 마음을 사로잡았다.

물론 즉흥적으로 선곡을 바꾸는 것은 위험천만한 모험이다. 하지만 제이슨 므라즈Jason Mraz의 〈아임 유어스I'm Yours〉를 첫 곡으로 부르며 그는 나름의 안전장치를 걸었다. 승부수를 띄울 때도 냉정함을 잃지 않은 김지수다운 선택이었다.

 노래가 기본이다

노래는 오디션이 존재하는 이유의 전부다. 오디션의 모든 과정이 결국

노래로 집약된다. 하지만 오디션이 노래를 잘하는 사람을 뽑기 위한 자리라는 사실을 곧잘 망각한다. 수많은 지원자가 몰리고 견디기 어려운 긴장감이 압박하면서 주객을 전도시키는 이들이 많다.

유명 아이돌 그룹의 안무를 그대로 흉내 내는, 노래자랑에나 나올 법한 모습은 이제 귀엽기까지 하다. 노래 이외의 것들로 튀어보려고 평정심을 잃고 흥에 취해 '자기만의' 노래를 부르기도 한다.

노래방에서 즐기는 것과 심사위원 앞에서 보는 오디션을 착각해서는 곤란하다. 노래방에서는 튀는 행동으로 박수를 받을지 모르지만 오디션에서는 따가운 눈총을 받게 될 것이다. 서운하고 야박하다 해도 소용없다. 귀책사유는 오디션의 본질을 이해하지 못한 예비 가수에게 있다.

흥분을 가라앉히고 긴장을 떨치고 자신이 노래 앞에서 얼마나 진지한지를 따져보자. 이는 그대로 심사위원의 평가 항목으로 이어진다. 다시 말하지만 오디션은 노래가 전부다. 그 이상도 이하도 아니다.

♔ 흥에 취하면 약도 없다

"일류는 자신은 가만히 있는데 사람들이 감동 받고, 이류는 자신과 사람들이 함께 감동하고, 마지막으로 삼류는 자기만 감동한다. 당신은 지금 삼류 수준이다."

이승철이 한 지원자에게 던진 말이다. 오디션 지원자에게는 가혹하게 들릴 수 있겠지만 대부분의 지원자가 가슴에 새겨야 할 조언임에 틀림없다. 오디션의 긴장은 때론 과도한 흥분을 부른다. 평상시와 다른 심장박동은 오디션을 예기치 못한 상황으로 흘러가게 한다.

아무리 흥분하고 아무리 긴장돼도 잊지 말아야 할 것이 있다. 음정과 박자 그리고 발음은 노래의 기본 요건이다. 노래 한 곡을 부르는 동안 키가 수차례 변하고 박자가 몇 차례 바뀌는 건 기본기의 문제다. 과도하게 '굴리는' 영어 발음이나 격한 감정과 함께 튀어나오는 된소리 발음도 심사위원의 심기를 거스른다.

노래에 대한 기본기가 부족할수록 원곡에 충실하게 한 음씩 '따박따박' 부르는 훈련이 먼저라고 보컬트레이너들은 충고한다. 한 소절씩 나눠서 정확하게 부르는 연습을 선행해야 한다는 것이다. 감정 표현이나 강약 배분은 노래를 완벽하게 이해한 뒤로 미뤄야 한다.

♔ '겉멋'은 독이다

'겉멋'의 사전적 의미는 실속 없이 겉으로 부리는 멋이다. 내실을 갖추지 못할수록 '겉멋'에 빠지기 쉽다. 오디션에서도 예외는 없다. 실력이 덜 여물수록 화려한 겉모습으로 어물쩍 통과하려고 한다.

하지만 '겉멋'은 유감스럽게도 실력자들 앞에서 취약할 정도로 노출

된다. 결말도 비참한 경우가 대부분이다. "노래방에서 이성의 호감을 살 때 부르던 솜씨" "발음이 느끼해서 콜라가 당긴다" "지루하고 구리다"라는 평가와 함께 심사위원의 독설을 부르는 주요 타깃이 된다.

심사위원은 기본기 없이 기성 가수를 흉내 내는 데 급급한 지원자에 대해 강한 거부감을 나타낸다. 부정확한 발음과 과도한 비음은 특히 철퇴를 맞는다. 준비가 덜 된 떨기와 꺾기 그리고 애드리브 등도 마찬가지. 호평보다 혹평의 재료로 사용됐다.

어설픈 기교를 사용했다가는 본전도 못 찾는다. 일명 '쿠세'로 불리는 나쁜 습관은 탈락 1순위 항목이었다. 개선의 여지가 없다는 이유로 심사장 밖으로 내쫓기곤 했다.

심사위원은 노래를 표현하는 방식을 신중하게 선택하라고 강조한다. 원곡을 충실하게 부르고 자기 색깔로 진지하게 해석하라는 말이다.

원곡을 부른 가수를 흉내 내 얼렁뚱땅 '겉멋'에 의존하는 지원자를 심사위원은 자신의 안목을 테스트하는 것으로 여겨 불쾌하게 느낀다. 화려한 '겉멋'으로 눈속임하듯 통과하기를 기대했다가는 에누리 없이 탈락의 비운을 맛볼 것이다.

♔ 모방은 없다

모방은 창조의 어머니라고 했다. 하지만 오디션에서 모방은 탈락의 아버지다. 이는 춤과 노래에 모두 해당한다. 심사위원은 두 번 생각하지 않는다. 그대로 따라한다는 인상을 주는 지원자는 100% 다음 단계로 올라가지 못한다.

지난해를 보면 모방의 가혹한 결과를 알 수 있다. 허각은 라이벌 미션에서 박진영의 창법을 따라하며 〈너의 뒤에서〉를 부르다 탈락했다. 같은 이유로 박보람도 지역 예선에서 빅마마의 〈내 눈을 보아도〉를 부르다 탈락할 뻔했다.

이와 달리 노래를 자기 식으로 재해석해 지역 예선부터 호평을 받은 이도 있다. 조문근은 원더걸스의 〈노바디^{Nobody}〉를, 존박은 〈투 디퍼런트 티어스〉를 각각 새로운 버전으로 불렀다. 오디션은 유난스러울 정도로 새로운 해석을 반긴다. 기성 가수와 다른 무언가를 발견하기 위한 자리이기 때문이다.

하지만 지원자는 오디션의 바람을 전혀 반영하지 못하고 있는 게 현실이다. 걸그룹의 인기가 유독 돋보이던 지난해, 많은 지원자들은 걸그룹의 안무를 카피해 심사장에서 선보였다. 심사위원의 반응은 역시나 냉담했다. 장기자랑이나 노래자랑에 걸맞는다는 평도 나중에는 귀찮을 정도였다. 걸그룹뿐만이 아니다. 국내에서는 비와 이효리의 안무를, 해외에서는 비욘세$^{Beyonce\ Knowles}$와 크리스티나 아길레라$^{Christina\ Aguilera}$의 춤을 따라 하려는 시도가 너무도 많았다.

노래보다 춤에서 이런 특징이 나타나는 것은 두 가지 이유다. 목소리를 흉내 내는 모창에 비해 안무는 따라 추기에 덜 부담스럽다. 음색은 타고나기 때문에 기성 가수를 따라하는 데 한계가 있다. 이에 반해 안무는 연습만 거치면 제법 비슷한 분위기를 연출할 수 있기 때문이다.

안무를 만드는 아마추어가 드물다는 것도 하나의 이유다. 자작곡을 들고 나오는 지원자는 많지만 직접 안무를 구성해 선보이는 이들은 찾기 어렵다. 본선에 진출한 김소정과 이보람의 장점은 이 지점에서 발견된다. 이들은 무반주에도 춤을 출 수 있을 정도로 기본기가 탄탄했고 안무를 구성해서 소화하는 감각으로 경쟁력을 확보했다.

여기에다 따라할 만한 국내외 댄스퍼포머가 많지 않은 현실도 문제가 된다. 모델이 될 만한 가수가 적다보니 지원자의 춤도 몇몇 가수에 한해 '쏠리는 현상'을 보이기 때문이다.

전략적으로 접근해보자. 오디션 담당자들은 춤이 완벽하지 않다면 아예 시도하지 말라고 당부한다. 어렵게 잡은 분위기를 어설픈 춤으로 분산시킬 가능성이 높다는 것이

다. 아이돌그룹의 안무를 카피할 정성으로 다른 분위기의 노래를 한 곡 더 준비하는 것이 합격 가능성을 높이는 전략이라는 것이다. 무모한 용기나 효율 없는 정성은 때론 없느니만 못하다는 것을 명심하자.

📣 통과를 부르는 필수 조건

오디션은 고된 과정이다. 장시간을 기다려야 하고, 극도의 긴장을 견뎌내야 열띤 경쟁에서 살아남을 수 있다. 피를 말리고 땀을 쥐는 순간의 연속이다. 체력 소모가 심해 오디션을 마친 지원자는 탈진하기도 한다.

마찬가지로 심사위원에게도 오디션은 고된 과정이다. 잠시도 긴장의 끈을 늦출 수가 없다. 지원자는 자신의 오디션만 집중하면 되지만 심사위원은 다르다. 숱한 지원자를 연이어 평가해야 한다. 지루하고 힘겨운 싸움의 연속이다.

한 번만 더 기회를 달라는 지원자를 뿌리치는 심사위원이 때론 냉정하게 비치지만 피치 못할 나름의 사정이 있다. 모든 이들의 사정을 봐주다간 오디션이 언제 끝날 지 모른다. 또한 자신이 극도의 스트레스로 언제 실려 나갈지 모른다.

짜증스러운 혹은 부담스러운 심사위원의 심리 상태를 지원자는 매몰

차고 못됐다고 탓만 할 것인가? 아니면 이들의 처지(?)에 맞춰 심리전을 펼쳐 역으로 호감을 얻을 것인가? 이는 출제자의 의도를 파악하는 것만큼이나 중요한 대목이다.

첫인상이 결정되는 시간은 단 3초. 잔상으로 뇌리에 남기는 시간 30초. 30초를 두고 벌어지는 인상 전쟁에서 무엇을 준비할지 살펴보자.

♚ 탈락을 막는 '3대 처리'

14세 소년 이재성은 《슈퍼스타K》 시즌2 지역 예선에서 화제의 인물로 떠올랐다. 건강 문제로 본선 무대에 참가하지 못했지만 타고난 미성과 리듬감으로 이승철의 극찬을 받았다. 그가 보여준 오디션의 모범은 노래 실력뿐만이 아니다.

바로 자신감에서 나오는 '시선 처리'. 그는 3명의 심사위원과 차례로 눈을 맞추며 차분하게 노래해 나이를 의심케 했다. 이는 심사위원에게 오디션이 주는 긴장감을 떨쳐내고 있다는 표시로 받아들여진다.

많은 사람들이 노래를 부를 때 시선 처리로 고민한다. 시선을 먼 곳에 두거나 아예 좌우로 외면하는 이들도 많다. 이는 보는 사람들에게 불안감을 준다. 안 좋은 습관이 몸에 배기 전에 시선을 안배하는 연습에 공을 들여야 한다. 두말할 필요 없이 일정한 간격을 두고 심사위원과 눈을 맞추는 것이 가장 좋은 방법이다. 그럴 자신이 없다면 아예 눈을 감고 노래에 몰입하는 것도 나쁘지 않다.

같은 맥락에서 심사위원은 노래를 부를 때 표정과 자세도 유심히 관찰한다. 따라서 대사를 하며 연기하듯 자연스런 '표정 처리'가 중요하다. 과도하게 인상을 쓰며 노래를 부르면 듣는 사람은 부담감 때문에 노래에 몰입할 수가 없다. 그렇다고 무표정하게 노래하라는 건 아니다. 가사를 대사로 생각하고 연기하듯 노래하라.

표정 처리만큼 '손 처리'도 중요하다. '탈골'된 것처럼 손의 위치가 일정치 않은 자세도 불안해 보인다. 지역 예선에서 마이크 없이 노래를 부르다가 저지를 수 있는 실수다. 리듬감 있는 노래일수록 손으로 비트를 타거나 가볍게 흔드는 것이 보기 좋다. 군가를 부를 때도 손을 고정시키거나 부동자세로 하지 않는다. 무엇보다 자신이 어떤 자세로 노래하는지 꾸준히 관찰하며 이를 개선하려는 의지가 필요하다.

♛ 합격을 부르는 '3고高'

지치고 고단한 심사위원에게 잠시나마 활력소가 된다면 지원자로선 나쁘지 않은 결과를 기대할 수 있다. 좋은 인상을 남겨야 한다는 뜻이다. 목소리는 평소보다 '높은 톤'으로 살짝 올려 경쾌함을 주자. '입꼬리를 높여'서 '웃는 상'으로 심사위원을 바라보는 것도 도움이 될 것이다. 마지막으로 심사위원과의 대화에

<u>적극성을 높이자.</u> 주의 깊게 듣고 성의 있게 답한다면 의욕적인 지원자로 각인될 수 있다.

자기소개를 소홀히 생각하는 지원자도 많다. 하지만 지원자의 첫인상이 결정되는 순간이다. 또박또박 이름과 나이를 읊는 것만이 전부는 아니다. 심사위원은 지원자가 자기소개를 하고 말을 할 때, 표정과 구강 구조의 교합을 판단한다. 표정이 부자연스럽거나 입 모양이 한쪽으로 쏠리는지를 확인한다. 무엇보다 이 순간 첫인상이 결정된다. 짧은 순간에 당락을 좌우하는 결정적 요소다. 판단엔 10초도 걸리지 않는다. 호감이 가는 표정을 짓도록 얼굴에서 경련이 날 정도로 집중력을 발휘해 연습해보자.

유쾌한 오디션을 위한 금기사항도 있다. 당당함을 과시하는 것은 좋지만 심사위원과 논쟁을 벌이는 것은 삼가하라. 심사위원은 지원자의 당락을 결정짓는 절대 권력이다. 심사위원들과 시비를 가려 손해 보는 쪽은 언제나 지원자다. 겸손하고 겸허하게 지적을 받아들이는 모습을 보이자.

튀는 것을 넘어 불쾌할 수 있는 과도한 설정도 피해야 한다. 드라마나 영화의 한 장면을 재현하며 심사위원의 주목을 끌 수 있을 거라 생각하지만 어디까지나 지원자의 생각이다. 자극적인 설정은 불쾌감만 남긴다.

Audition

동물 탈이나 보디페인팅 등의 의상도 마찬가지. 포장이 요란할수록 내용은 부실한 법이다. 설정이 강할수록 정작 스스로는 보여줄 것이 없다는 걸 인정하는 꼴이다. 코믹한 이미지나 개성 있는 설정은 노래의 몰입도를 심각하게 떨어뜨리기도 한다.

의상은 노래를 표현하는 또 다른 가사다. 하지만 개성 있는 패션 감각을 뽐낼 자신이 없다면 욕심을 부리지 말자. 가볍게 춤을 출 수 있는 단정하고 편안한 옷차림이면 그만이다. 주목도가 떨어지는 의상이 노래로 더 관심을 집중시켜 의외의 반전을 일으킬 수 있다는 점도 잊지 말자.

♔ 컨디션 유지하기

격투기 선수들은 시합 날짜가 결정되면 몸만들기에 돌입한다. D-day에 맞춰 온몸의 컨디션을 단계적으로 끌어올린다. 체중을 감량하기도 하고, 근육량을 키우기도 한다.

노래하는 지원자도 오디션을 앞두고 몸만들기에 돌입해야 한다. 목 관리는 필수다. 이승철 심사위원은 지원자에게 "연습을 많이 해서 목소리가 탁하다"는 말을 자주 했다. 이는 평소보다 탁한 소리를 감안하겠다는 뜻이기도 하지만 목 관리에 보다 신경을 쓰라는 충고이기도 하다.

오디션을 코앞에 두고 과도한 연습을 하면 성대에 무리를 가져온다. 춤 연습도 마찬가지. 날이 무뎌진 칼을 가지고 전쟁에 나선다면 승리를 장담할 수 없다. 오디션 일정이 정해지면 연습 시간을 조절하고 목을 최적의 상태로 만드는 것이 우선이다. 오디션 전날에는 반드시 잠을 충분하게 자야한다.

심사 장소에 도착해서도 가능한 목을 아끼도록 하자. 분위기에 들떠 각종 이벤트에 참여하고, 주변 경쟁자와 대화를 나누며, 성대를 낭비하는 우를 범하는 이들이 의외로 많다. 음악을 들으면서 긴장을 덜어내고 가벼운 연습으로 성대를 가다듬자. 이벤트가 아닌 오디션 참가가 본래의 목적임을 잊어서는 안 된다.

우승은 끝이 아니라 또 다른 시작

'보컬리스트' 허각

허각이 전하는 3가지 팁

1. 즐길 수 있는 곡을 골라라.
2. 악으로 깡으로 모든 걸 쏟아라.
3. 노래 잡식성이 되라.

"신은 공평한 것 같아요. 아무리 노래해도 목소리가 쉬지 않는 성대를 제게 주시고는 아무것도 주지 않으셨거든요. 하하."

유일한 재산인 성대로 매주 노래를 부르며 행사무대를 전전하던 25세 청년 허각. 그가 134만 대 1의 경쟁률을 뚫고 최후의 승자로 남을 것이라고 예상한 사람은 아무도 없었다. 평범한 외모와 작은 키, 중졸 학력에 가난한 가정환경…. 그조차 자신은 남을 빛나게 해주는 '조연 인생'이라고 표현했다.

하지만 거짓말처럼 그 성대가 그의 인생을 송두리째 바꿔놓았다. 대중 앞에서 노래를 한 곡 불러보고 싶어서 지원한 이로서는 상상도 할 수 없는 일대 사건이다. 기적처럼 운이 좋았다며 몸을 낮추지만 그가 준비된 지원자였다는 걸 실감하는 데까지 오래 걸리지 않았다.

타고난 가창력과 숱한 무대 경험은 그의 강점이다. 두둑한 배짱과 악착같은 근성은 잠자고 있던 그의 열정을 깨웠다. 오디션 프로그램을 반복 시청하며 미션 과정을 줄줄 꿰던 그는 본능적으로 미션 수행을 척척 해냈다. 약점을 파악해 보완하려 애썼고 오디션 과정에서는 행운까지 따랐다. 이보다 강력하고 준비된 우승 후보는 앞으로도 등장하기 힘들 것이다.

춤을 추거나 악기를 연주하지 않는 보컬리스트에게 목소리는 유일한 무기다. 무기가 빛날 수 있도록 평소 갈고닦는 준비는 필수다.

허각은 지원자에게 수많은 노래를 편견 없이 접하고 불러볼 것을 주문했다. 또한 본인이 즐길 수 있는 노래를 해야 듣는 이의 마음을 사로잡을 수 있다고 말한다. 좋은 노래는 8의 감정과 2의 실력이 만든다며 감정 이입의 중요성도 강조했다.

지금도 많은 이들이 오디션에 도전하고 있다. 과연 '제2의 허각'은 또 탄생할 수 있을까?

> **"**
> 노래 속의 주인공이 돼서
> 감정을 실었어요!
> **"**

먼저, 다시 한 번 축하드립니다. 본인은 서운할지 모르겠지만 아무도 예상하지 못한 우승이었어요. 하지만 보란 듯이 크게 한 방 해냈는데 본인은 혹시 이런 결과를 예상했는지.

'슈퍼위크'까지 갈 줄도 몰랐어요. 3차 예선이 목표였죠. 가수 앞에서 제가 노래하는 걸 보여주고 싶었어요. 단지 그뿐이었죠.

TV에 공개되지 않은 채로 진행된 예선이 궁금합니다. 예선은 어떤 식으로 준비했고, 예선에서 반응은 어땠는지.

전화예선은 포맨의 〈못해〉를 불렀어요. 2일이 지나 합격됐다고 연락을 받았죠. 2차 예선 참가하려고 오전 10시에 갔는데 삼산체육관 안에 들어가는 데만 반나절 걸렸어요. 심사위원 앞에 선 시간이 밤 9시 30분이었죠. 부스 안에서 루더 밴드로스Luther Ronzoni Vandross의 〈슈퍼스타Superstar〉와 포맨의 〈베이비 베이비〉를 불렀어요. 심사하시는 분이 그냥 가지 말고 하고 싶은 노래가 있으면 더 해보라고 하시기에 포맨의 〈고백〉을 불렀죠. 예감이 나쁘지 않았어요.

역시 떡잎부터 알아본다고, 예선 때부터 떡잎으로 보였나 봅니다. 그리고 2차 예선을 통과했어요. 결국 애초의 목적을 달성하셨죠.

네. 3차에 올랐죠. 설운도, 백지영, 조피디, 이렇게 세 분이 심사위원이었어요. 2차 때 불렀던 〈슈퍼스타〉를 무반주로 불렀죠. 방송에서 편집됐는데 사실 조피디 선배님은 발전가능성은 있지만 부족하다고 말씀하시면서 불합격을 주셨어요. 다 끝났구나 싶었죠.

방송이 편집돼서 다행이네요. 조피디 씨 안목에 흠 갈 뻔했으니까요. 어떻게 통과됐는지.

다행히 백지영, 설운도 두 분이 합격을 주셨어요. 설운도 선생님은 고생한 사람의 마음을 잘 안다고 눈물까지 흘리셨어요. 지금 생각하면 제 마음을 알아주신 참 고마운 분들이에요.

'슈퍼위크' 얘기로 넘어가보죠. '슈퍼위크'는 어떻게 준비했나요? 성향상 완벽에 가까운 노력을 기울였을 것 같은데.

3개월이 남았는데 연습을 제대로 하지 못했어요. 편의점과 피시방 아르바이트를 쉬지 않고 했거든요. 노래방에 가는 것과 주말마다 행사무대에 서는 것이 다였죠.

실전에 가까운 연습이기는 하지만 부족해 보이는데, 자신이 있었던 건가요?

아니요. '슈퍼위크' 자체가 생각지도 못한 일이어서 차근차근 준비하지 못했던 것 같아요. 2박 3일 가운데 하루만 버텨보자는 또 다른 목표가 생겼지만 현실적으로는 어려운 일이라고 봤죠.

첫 조에서 노래했던 게 기억납니다.

16명이었어요. (장)재인이가 가장 먼저 노래했고, (김)지수가 마지막에 노래했어요. 두 사람은 통과한다고 봤어요. 제가 네 번째였는데 원래는 바이브의 노래를 하려고 했어요. 뭘 어떻게 해야 할지 모를 정도로 긴장했죠. 순간적으로 머릿속이 하얘지더군요. 앞을 보니 어느새 세 번째 사람의 순서가 돼 있었어요.

얼떨결에 노래를 했다는 얘기인데요?

맞아요. 아무 생각 없이 무대에 섰는데 박진영 심사위원과 눈이 마주쳤어요. 만약에 윤종신 심사위원과 눈이 마주쳤다면 〈팥빙수〉를 불렀을 거예요. 아는 노래가 그것밖에 없었거든요.(웃음) 다행인지 〈너의 뒤에서〉가 떠올랐어요. 예전부터 자주 불렀던 노래라 가사가 생각나더라고요. 한 30초 불렀을까. 그만 부르라고 하시더라고요. 또 한 번 끝났구나 싶어서 체념했어요.

체념을 잘하는 건가요, 아니면 상대의 반응을 제대로 파악하지 못하는 건가요?(웃음) 하지만 이번에도 떨어지지 않았으니 말이에요.

이승철 선배님이 저를 합격시키겠다는 말씀을 하셨죠. 목소리와 안 어울리는 독특한 외모와 캐릭터가 있는 것 같다고도 하셨고요. 지금 생각해보면 첫 조로 무대에 올랐던 게 저한테 큰 행운이었어요. 홀가분한 마음으로 뒤에 나오는 지원자들을 지켜볼 수 있었거든요.

그게 무슨 의미인지.

바로 다음이 조별 미션이었잖아요. 조장을 할 생각은 없었지만 맡게 됐고, 제가 조원을 고르게 되면서 지원자를 봐뒀던 것들이 도움이 됐어요.

조 구성을 머릿속으로 미리 했다는 얘기인가요?

전 음악 교육을 정식으로 받아본 적이 없어요. 악보를 읽지도 못하죠. 그게 늘 콤플렉스였어요. 그래서 저의 부족한 부분을 채울 수 있는 조원이 있으면 좋겠다 싶었죠. 제가 염두에 뒀던 지원자는 딱 두 명이었어요. 존박과 김그림이었죠. 존박은 제가 부족한 음악적 지식을 채워줄 수 있을 거라 생각했고 김그림은 기타를 친다는 게 도움이 될 것 같았어요.

정말 절묘하게 조가 짜였어요. 존박에 김그림까지.

그러게요. 희한한 건 제가 7조 조장이었는데 제 순서가 올 때까지 존박을 아무도 지명하지 않았어요. 아마도 경계해서 그랬겠죠. 전 주저 없이 존박을 골랐어요. 우여곡절이 있었지만 김그림도 같은 조가 됐죠. 혼자서 참 신기하다고 생각했어요.

선수는 선수를 알아본다고 존박을 잘 알아봤네요. 존박 역시 같은 입장이었을 것 같은데.

제 주변에서 존박은 완전 우상이었어요. 《아메리칸 아이돌》이 유행이었거든요. 제 친구가 정말 재미있다고 추천해서 보기 시작했는데 존박은 딱 눈에 들어왔던

친구예요. 참 대단하다고 동경했던 친구와 같은 조에 있다는 게 신기하고 든든하기도 했죠. 경쟁의식은 못 느꼈어요. 워낙 차이가 많이 난다고 생각했으니까요.

사공이 많으면 배가 산으로 간다는데, 조별 미션 준비는 순조로웠나요?

미션 곡으로 〈죽어도 못 보내〉를 택했어요. 사실 전 〈투 디퍼런트 티어스〉나 〈8282〉를 했으면 어떨까 생각했는데 조원들이 그 노래를 원했죠. 제가 악보를 볼 줄 몰라서 존박이 도움을 줬어요. 파트를 정하고 연습을 했죠.

조원이 바뀌는 초유의 상황이 벌어졌는데.

의외였어요. 연습이 마무리되는 상황이었어요. 박선주 선생님이 현장에서 결정하신 게 아닌가 싶어요. 모든 조가 완벽하길 원하셨거든요. 조원이 바뀌었지만 파트가 나눠진 상태라 큰 변화는 없었죠. 2시간 정도 잤는데 아마 우리 조가 가장 많이 잔 것 같아요. 그러고도 다음 날 오전에 화음이 완벽하게 맞았어요. 팀워크도 좋고 잘해낼 수 있을 거라는 희망이 생겼죠.

하지만 결과는 좋지 못했죠.

막상 무대에 오르니까 다들 긴장을 했어요. 존박이 주도해서 노래를 설명하니까 심사위원 분들이 조장이 누구냐고 물어보셨죠. 조원이 바뀐 것도 어떻게 들으셨는지 계속 물어보셨어요. 그런 압박이 들어오면서

주눅이 들었던 것 같아요. 조원들이 가사를 틀리기 시작하더니 화음도 제대로 안 맞았죠. 제 파트는 그럭저럭 넘겼는데 조 미션은 엉망이 됐어요.

그래도 결국은 오디션에 통과했어요. 실력대로라고 생각했는지.

정말 민망하고 부끄러웠어요. 조장인 제 책임 같았고요. 존박이 고생을 많이 했는데 저만 붙어서 더 미안했죠. 라이벌 미션에서 제가 떨어졌으니 주고받은 셈이 됐지만 당시에는 어쩔 줄 몰랐어요. 사실 본선 진출까지는 살얼음판이에요. 어디서 어떻게 떨어지고 다시 어떻게 붙을지 도무지 감을 잡을 수가 없어요. 긴장을 늦출 수가 없죠. 오히려 정해진 시간 안에 주어진 과제를 수행하는 본선 미션이 수월했던 것 같아요.

산 넘어 산이었다는 얘긴데, 그 과정을 좋은 성적으로 무사히 마쳤어요. 돌아보면 지원자에게 무엇이 가장 필요한 것 같나요?

한마디로 깡이요. 한번 해보자는 마음이면 좋을 것 같아요. 전 매주 이번이 마지막이라고 생각했어요. '다 쏟아놓고 난 이제 간다' 하고 수없이 되뇄죠. 가사를 틀리더라도 센스 있게 넘길 수 있을 만큼 배포가 두둑해야 돼요.

사실 제가 영어에 약해요. 외국인 앞에서 노래 부르는 미션 기억하시나요? (대답하자) 전 그때가 가장 긴장됐던 것 같아요. 하지만 한번 부딪혀보자고 했고 결국 그

미션에서 1등을 했어요. 주눅 들고 위축되기보다 자신 있게 덤비는 사람에게 미션은 유리한 것 같아요.

정말 긴장을 전혀 안 하는 것 같았어요.

저도 사람인데 긴장이 왜 안 됐겠어요. 무대에 올라가기 전에 절 봤던 스태프는 '같은 사람이 맞냐'고 하실 정도였어요. 무대만 오르면 딴 사람이 된다고요. 생방송 무대에 설 때마다 카메라나 심사위원이 없다고 자기 암시를 했던 것이 많은 도움이 됐어요.

체력적으로는 안 힘들었나요?

피시방 아르바이트로 단련돼 잠이 부족한 데에는 어느 정도 적응이 돼 있었어요. 군대도 다녀왔고, 어디서든 적응이 빨라 힘든 줄은 모르고 지냈죠.

보컬리스트는 노래 선정이 중요한 것 같아요. 차기 도전자에게 팁을 준다면?

춤을 추거나 악기를 연주하지 않기 때문에 노래가 유일한 무기죠. 자신에게 맞는 노래를 잘 골라야 해요. 좋아하는 노래면서 잘 부를 수 있으면 좋죠. 노래할 때 표정이 다르거든요. 평소에 노래를 편식하지 않는 것도 중요해요. 다양하게 듣고 불러봐야 한다는 거죠. 저 같은 경우는 《슈퍼스타K》에서 불렀던 11곡이 모두 제가 알던 노래였어요. 제 운이기도 하지만 《뮤직뱅크》부터 《가요무대》까지 틈만 나면 가리지 않고 봤던 것이 도움이 됐죠.

그 외에 또 중요한 점이 있다면요?

감정이요. 친구들이 노래에 대해 물을 때마다 전 감정이 80이면 실력이 2라고 얘기해요. 감정이 충만할 때 노래를 부르면 듣기에 더 좋은 것 같아요. 노래 속 주인공이 돼서 감정을 노래에 이입하는 훈련을 쌓아야 한다고 생각해요.

역시 준비된 우승자였다는 평이 맞는 것 같군요. 운도 좀 따랐다고 생각하는지.

운이 제 편일 거라고 믿었던 것 같아요. 실제로 운이 많이 따르기도 했어요. 미션마다 제가 아는 노래만 나왔고, 고비마다 행운도 있었던 것 같아요. 일례로 톱4가 남았을 때, 생방송 시작 전에 가위바위보를 했어요. 신기하게 지는 사람이 그날 탈락을 하더라고요. (강)승윤이가 가장 먼저 졌고, 다음 주에는 (장)재인이가 졌어요. 마지막 날에는 존박이 졌죠. 장난삼아 했던 일인데 지금 생각하면 소름이 돋아요. '정말 뭐가 되겠구나' 하는 마음이 나중에는 생기더라고요.

많은 분이 시즌3에 다시 도전하면 우승할 것 같으냐고 하시는데 그때마다 전 절대 못할 거라고 대답해요. 어떻게 이런 천운이 다시 오겠어요. 하지만 다시 우승하지 못한다고 해도 합숙시절로 돌아가고 싶은 마음은 간절해요. 11명이 한데 모여 같이 노래하고 장난치고 했던 시간이 그리워요. 그만큼 뿌듯하고 행복한 경험이었어요.

수많은 사람의 사랑과 응원을 받으며 첫발을 내디뎠다. 어떤 가수가 되고 싶은지.

우승이 확정되고 이승철 선배님께서 복근 만드는 가수는 되지 말라고 하셨어요. 예능 프로그램 말고, 공연장에서 팬을 만나라고도 하셨죠. 그 말씀을 평생 마음에 새기며 노래하고 싶어요. 연예인이 아닌 가수로 남고 싶어요. 그 길만이 사람들이 제게 보여준 관심에 보답하는 방법일 것 같아요.

마지막으로 시즌3의 우승자에게 하고 싶은 말이 있다면요?

단단히 각오 하세요. 태풍을 만날 준비를 하셔야 해요. 생각했던 것과 많이 다를 수도 있어요. 저도 그렇지만 우승은 끝이 아니라 또 다른 시작이 될 테니까요!

02

슈퍼위크
생존의 법칙

'슈퍼위크'는 《슈퍼스타K》가 만든 최종 예선이다. 지역 예선을 통과한 이들이 2박3일간 치열한 경쟁을 거쳐 본선 진출자를 가린다. 시즌1에서 129명이, 시즌2에서는 151명이 출발선에 나란히 섰다. 본선 진출자는 시즌1과 시즌2 각각 10명과 11명. 생존 확률 0.07%다.

이는 《위대한 탄생》도 마찬가지다. 지역 예선을 거친 112명이 벌인 '위대한 캠프'에서 12명이 본선에 올랐다. 생존 확률 10%. 그나마 수치상으로는 지역 예선보다 생존율이 높아졌다. 하지만 기본 이상의 실력자들이 모인 것을 감안하면 훨씬 치열한 싸움이다. 살아남았다는 건 끝이 아니라 앞으로 험난하고 처절한 여정이 남아있음을 의미한다.

참가자들은 '슈퍼위크'에서 막연했던 경쟁자들을 처음으로 확인한다. 대면의 순간 어떤 이는 위축되고 어떤 이는 승부욕에 불탈 것이다. 연이은 미션은 간절함 외의 그 무언가를 요구한다. 한 번 통과하면 희망에 웃고 한 번 탈락하면 절망에 운다. 미션 통과를 위해 다른 이의 손을 맞잡지만 돌아서면 약점을 고발한다. 동지와 적의 경계가 흔들리며 긴장감은 배가 된다. 명확한 점은 본선행 티켓을 거머쥐기 위해 모두가 혼신의 힘을 다한다는 정도뿐이다.

이 과정은 시청자의 문자 투표가 평가에 개입되기 바로 직전이다. 또한 심사위원의 판단으로 결정되는 마지막 관문이다. 패자부활의 개념도 처음이자 마지막으로 등장한다. 따라서 긴장의 끈을 놓을 수 없다. 숱한 반전과 이변의 연속이다. 시청자에게는 가장 박진감 넘치는 순간이지만 지원자에게는 가장 피하고 싶은 순간이기도 하다.

'슈퍼위크'를 다각도로 지켜보며 로댕의 걸작 〈지옥의 문〉을 떠올렸다. 로댕이 20년간 씨름한 이 작품은 숱한 인간 군상이 빼곡하게 등장한다. 피할 수 없는 지옥 앞에서 고뇌하고, 좌절하고 혹은 허세를 부리는 등 다양한 인물들이 나온다.

이 같이 다양한 표정은 본선 무대에 진입하기 위해 보여주는 지원자들의 천태만상에도 드러난다. 지원자들은 거역할 수 없는 운명의 소용돌이 앞에서 살아남기 위해 몸부림친다. 탈락을 피하기 위해 무엇이라도 할 듯이 덤벼든다. 지원자 개개인이 헤쳐나가는 역경은 한데 어우러져 거대한 장관을 이룬다. 마치 〈지옥의 문〉처럼 말이다.

기죽을 필요는 없다. 당신은 지역 예선의 험난한 과정을 통과한 실력자다. 지난 두 차례의 '슈퍼위크'를 통해 살아남은 자와 그렇지 못한 자의 과정을 비교한다면 승산이 있다. 특히 탈락자의 유형을 관찰해 실수를 줄이는 것은 지역 예선에서보다 훨씬 더 중요하다. 탈락을 했을지라도 끝난 것은 아니다. 패자부활의 기회를 어떻게 살릴지 여부도 따져뵈야 한다. 자, 〈지옥의 문〉 앞에서 살아 돌아올 각오가 됐는가.

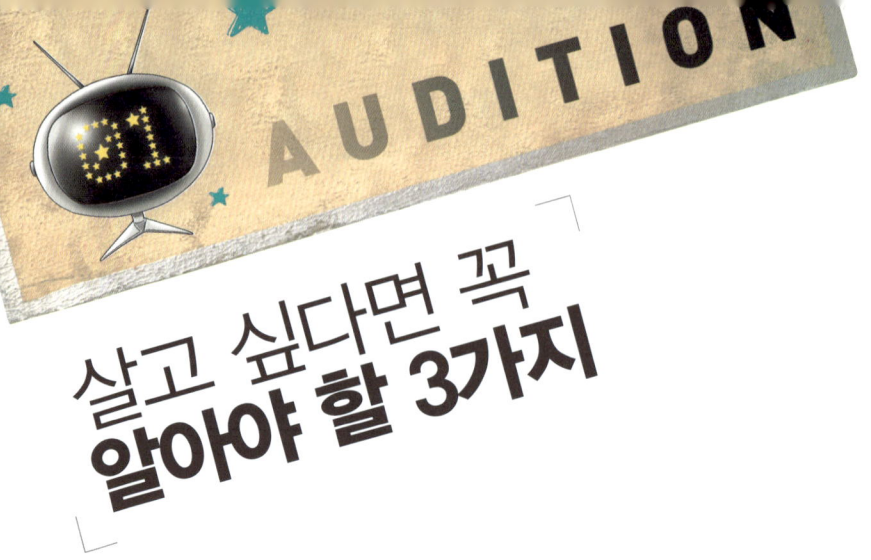

살고 싶다면 꼭
알아야 할 3가지

'슈퍼위크'는 피를 말리는 전쟁터다. 한순간도 긴장을 늦출 수 없다. 긴장은 조급함을 부른다. 마음이 급해지면 판단은 흐려진다. 빨라지는 심장박동은 맹렬한 돌진만을 지시한다. 순발력 있는 대처와 현명한 선택은 멀어진다. 긴장이 극에 달할수록 시야는 점점 좁아진다. 게임을 지배하는 중요한 맥을 놓치기 일쑤다. 이는 열심히 하는 이와 잘하는 이가 구별되는 지점이기도 하다.

여기서 잠깐, '슈퍼위크'가 진행되는 기본 룰을 살펴보자. 짐 가방을 들고 보는 조별 개인평가에서 지원자에게 주어지는 시간은 30초. 지역예선과 마찬가지로 무반주로 진행되고, 다른 점이 있다면 마이크가 주어지는 것이다. 지원자의 약 2/3가 이 과정에서 걸러진다.

이 과정을 통과하면 그룹 미션이 기다린다. 4~5명으로 구성된 조는 하루 동안 미션 곡을 정해 무대를 완성해야 한다. 경쟁자이면서 동료가 되는 아이러니한 상황 속에서 지원자들은 실력 이상의 무언가를 추가로 평가받기 시작한다.

평가의 잣대는 타고난 리더십이 될 수도 있고, 남을 배려하는 헌신도 될 수 있다. 낯선 환경에 대한 적응력을 평가받고 팀 속에서 드러나는 존재감도 확인된다. 지원자들은 주어진 상황에서 서로를 비난하기도 하고, 진심으로 격려하기도 한다. 이 모든 과정은 생중계되고, 심사위원은 이를 평가한다.

라이벌 미션은 본선으로 향하는 최후의 관문이다. 비슷한 유형의 지원자를 묶어 역시 미션 곡으로 평가한다. 원칙은 2명 가운데 1명을 본선에 올리는 것이다. 하지만 2명 모두 올라가기도 하고 그 반대의 결과가 나오기도 한다. 변수가 유난히 많이 발견되는 지점이다. 우열을 가리기 어려운 라이벌 가운데 본선 무대에 적합한 이를 골라야 하기 때문에 심사위원이 무척 곤란해 하는 시간이다.

마지막으로 심층 면접의 시간이 있다. 심사위원이 본선 진출자를 놓고 최종 협의를 하는 단계다. 자신의 평가가 최선인지를 확인한다. 심사위원 간 의견이 엇갈리기도 한다. 하지만 대세에는 지장이 없다. 지역 예선과 '슈퍼위크'를 통해 거듭 지켜봤고, 심사위원들이 크로스 체크를 하기 때문이다.

이 평가 단계에서 가장 중요한 것은 개개인의 실력이 아니다. 라이벌 미션을 통과한 지원자들은 실력에 있어서 출중하다는 검증을 받은 상태다. 진짜 관건은 본선 무대에서 어떤 모습을 보여주느냐이다. 울렁증이 있거나, 개성이 부족하면 가차 없이 탈락한다.

이처럼 치밀한 평가를 통과하기 위해서는 열심히 하는 것만으로는 부족하다. 전체의 흐름을 읽고 맥을 짚어야 한다. 주변을 둘러보고 자신을 살펴보는 여유가 필요하다. 본선 진출자에게 확인한 '슈퍼위크' 생존을 위한 3대 행동 강령을 공개한다.

첫째, 수면 끝장이다

'슈퍼위크'의 묘미는 긴박감이다. 2박3일로 압축된 일정에서 탈락자가 매일 속출한다. 패자부활전이 도입돼 지원자의 신분이 급변한다. 안도하는 순간 탈락하고 포기하는 순간 희망의 빛이 내려온다. 상황이 급변하다보니 초조함을 넘어 매 순간이 두렵기까지 했다고 선배들은 떠올렸다.

하지만 짧은 기간에 많은 지원자를 밀도 있게 평가하기 때문에 의외의 허점이 존재한다. 구성적 특성 때문에 유난히 무리를 지어 하는 평가가 많다. 조별 개인평가가 그렇고 그룹평가도 그렇다. 라이벌 미션도 둘을 짝짓는다.

이는 뜻하지 않게 '비는' 시간을 양산한다. 지원자라면 평가 전후 시간 안배와 활용 능력의 중요성을 알아야 한다. 평가를 마치고 안도감에 혹은 좌절감에 넋을 놓고 있다가는 다음 미션에 효과적으로 대비할 수 없다. 다른 경쟁자의 무대를 관찰하는 데 소홀해도 난감한 상황에 봉착할 것이다.

시즌2의 최종우승자 허각은 시간 관리의 필요성을 강조했다. 그는 조별 개인평가에서 첫 번째 조에 속했던 것이 큰 행운이었다고 했다. 역시 어렵사리 통과하고 한숨을 돌릴 새도 없었다. 하지만 다른 조의 지원자를 훑어보며 경쟁자의 면면을 살폈다.

정규 음악교육을 받지 못해 악보를 읽을 수조차 없었던 그는 존박과 김그림을 눈여겨봤다. 조별 미션이 곧바로 기다리고 있을 거라는 직감 때문이었다. 숱한 경쟁자 가운데 자신에게 부족한 부분을 채워줄 누군가를 기다리고 있었던 것.

10개 그룹의 개인평가가 마무리될 즈음에는 그의 조에 대한 구상도 완성되고 있었다. 결과적으로 허각은 조장이 되자마자 즉흥적으로 구성원을 고른 다른 조장과는 고민의 수위가 달랐다. 물론 조별 미션의 결과는 그의 예상과 어긋났다. 순조롭게 조원 대부분이 통과할 것으로 내다봤지만 그를 제외하고 한 명만이 생존했다.

비극으로 귀결된 그의 직감. 하지만 결과는 때론 모든 것을 담아내지 못한다. '존박이 없었다면'이라는 가정은 그의 직감이 얼마나 값진 선택이었는지 금세 알 수 있다.

존박은 미션 곡 〈죽어도 못 보내〉를 새롭게 구성하는 데 대부분의 아이디어를 냈다. 그래서 연습 도중 조원을 맞바꾸는 초유의 사태에도 흔들림 없이 허각의 조는 연습을 마무리할 수 있었다. 허각은 뒤늦게 들어온 김그림에게 적당한 파트를 분배한다. 그의 면면을 사전에 알지 못했다면 혼란스러웠을 것이다.

슈퍼위크 생존의 법칙

허각뿐만 아니다. 장재인, 김지수, 박보람 등 미션을 초반에 통과해 시간적 여유가 있던 멤버는 후속 미션에 대한 적응력이 남달랐다. 경쟁자를 파악할 수 있었던 것은 물론이고, 스스로의 마음도 다잡을 여유가 있었기 때문이다.

반면 후반부에 합격한 김은비, 존박 등은 적응하는 데 몇 배의 노력이 필요했다. 물론 이는 결과론적인 분석이다. 초반에 통과해도 후속 미션에서 탈락한 이가 있고 마지막 조에서 본선에 오른 이도 있다.

하지만 피할 수 없는 무서운 결과도 있다. 마지막까지 노심초사하다가 패자부활전을 통해 다음 미션에 오른 이들을 눈여겨본 적이 있는가? 이들 가운데 단 한 명도 본선에 진출하지 못했다. 우연으로 보기에는 섬뜩한 결과다.

분명한 것은 자투리 시간을 다음 미션 대비에 활용해야 한다는 점이다. 실력이 비슷한 이들 간의 경쟁은 미세한 차이에서 당락이 결정된다. 합격에 안도하고, 탈락에 좌절하며, 감정을 소비하기에는 시간이 부족하다. 관찰하고, 분석하고, 대비할 수 있다면 생존의 확률은 높아진다.

Audition

둘째, 끝날 때까지 끝난 게 아니다

'끝날 때까지 끝난 게 아니다. It ain't over till it's over.' 뉴욕 양키스 전설의 포수 요기 베라 Yogi Berra가 남긴 말이다. 끝이 나기도 전에 단념하고 패배를 인정하지 말라는 격언이다. 그는 역전과 반전이 있기에 마지막 순간까지 혼신의 힘을 다해야 한다고 처진 어깨를 두드린다.

《슈퍼스타K》지원자에게도 이 격언은 유효하다. '슈퍼위크'의 경우 더욱 그렇다. 지역 예선과 달리 패자부활전이 있기 때문에 탈락이 확정되는 마지막 순간이 되기 전에 단념하는 것은 위험하다.

물론 반전의 폭이 넓지는 않다. 시즌1에서 모든 탈락자에게 주어졌던 조별 개인평가 패자부활전의 기회가 시즌2에서는 보류 판정을 받은 이들로 제한됐다. 그럼에도 묵묵하게 패자부활전을 준비하는 이들은 드물었다. 탈락 소식에 좌절해 자포자기했던 이들이 대부분이었다.

하지만 시즌2의 경우 그것이 패자부활전의 끝이 아니었다. 총 3차례나 탈락자에 대한 구제가 있었다. 조별 개인평가와 그룹 미션이 끝난 뒤 그리고 마지막으로 라이벌 미션이 끝난 뒤에도 일부 탈락자가 구제됐다.

흥미로운 점은 본선에서 톱4에 올랐던 이들은 '슈퍼위크'에서 한 번씩 탈락했다 구제됐다는 공통점을 지닌 것이다. 허각은 장재인과 함께 라이벌 미션에서 떨어졌다가 구제됐다. 존박과 강승윤은 그에 앞서 그룹 미션에서 탈락했다. 오히려 예선 과정에서 한 차례도 탈락한 경험이 없는 김지수, 이보람, 박보람, 김은비 등이 본선에서 초반 탈락하는 기현상이 벌어졌다.

　탈락이 확정될 때까지 도전은 끝난 것이 아니다. 끝의 결정권자는 내가 아니라 심사위원이다. 구제의 손길이 언제 어떻게 찾아올지 모른다. 슬픔에 넋을 놓을 시간이 없다. 기회가 다시 찾아올 때 잡으려면 마음을 다잡고, 지난 무대를 복기하고, 새 무대를 준비해야 한다.

　이는 합격한 이들도 마찬가지다. 조별 미션을 통과했다고 다음 미션을 통과한다는 보장은 없다. 결정적으로 라이벌 미션을 통과하고도 심층 면접에서 집으로 돌아간 이들도 있다. '슈퍼위크'에서 확실하게 보장되는 건 아무 것도 없다. 끝날 때까지 끝난 게 아니라는 요기 베라의 격언은 그래서 《슈퍼스타K》 지원자에게 행운이며 동시에 불운을 암시하는 경고일 수 있다.

Audition

셋째, 심사위원 귀에 도청장치

2박3일간 진행되는 '슈퍼위크'. 조별 미션과 라이벌 미션 준비에 지원자들은 밤을 하얗게 지새우기 일쑤다. 이들은 일생일대 가장 치열한 밤을 보내며 숱한 각본 없는 드라마를 만든다. 시즌1에서는 시각장애인 김국환을 중심으로 한 조원들이 훈훈한 기적을 만들었다. 하지만 아쉽게도 이런 기적은 흔치 않다. 공생을 외쳤지만 공멸을 향해 달려가는 팀들이 대부분이다. 눈앞에 잡힐 듯한 본선행 티켓을 두고, 냉정함을 잃은 결과다.

시즌2에서는 6세 어린이 강화란과 조장 김그림의 변수가 크게 부각됐다. 그룹 미션을 앞두고 팀워크에 문제를 보이는 4개 조끼리 조원을 바꾸라는 지시가 떨어졌다. 보컬트레이너 박선주가 꺼낸 의외의 제안에 이들 조의 운명이 송두리째 흔들렸다. 조원을 바꾸고 반전이 일어나길 기대했지만 오히려 혼란스러웠고, 이들은 무너져버렸다. 전원 탈락의 결과를 낸 조도 생겨났다.

여기서 새겨야 할 교훈은 "심사위원에게 '워스트'로 찍히지 말자"가 아니다. 시즌2를 면밀하게 관찰한 지원자라면 기억할 것이다. '워스트'로 지목된 조원들이 다음날 심사위원 앞에서 어떤 표정을 지었는지. 이들은 심사위원이 간밤에 있었던 사건의 전말을 훤하게 꿰뚫고 있자 당황하기 시작했다. 자신들만의 비밀로 부쳐두고 미션에 임하려 했던 건 착각이자 욕심이었다. 심사위원들은 지난밤의 분란에 대해 압박성 질문을 퍼부었고, 조원들은 숨을 곳을 찾기에 바빴다. 뜻하지 않은 변수에 위축된 이들은 긴장을 이기지 못했고, 수준 이하의 무대로 혹평을 받았다.

어찌 보면 이는 당연한 결과이다. 그룹 미션을 거치면서 협업하는 과정을 지켜보고 평가하지 않을 심사위원이 어디 있겠나. 이는 불협화음을 감추고 싶어 하고 감출 수 있을 줄 알았던 지원자들의 순진함이 부른 참사다.

카메라가 돌고 있다면, 아니 설령 카메라가 앞에 없어도 오디션 과정에서 비밀은 없다. 모든 과정이 평가 받고, 보고되고 있다는 사실을 한시도 잊어선 안 된다. 사실 조원 간의 갈등은 피할 수 없는 과정일지도 모른다. 본의 아니게 극단적인 상황을 맞을 수도 있다.

여기서 중요한 건 싸우지 말라는 것이 아니다. 그 상황에 따라 납득할 만한 이유가 있어야 한다. 정말 중요한 핵심은 급변하는 악조건에서도 최선의 결과물을 완성시키는 능력이다. 게임의 룰이자 탈락을 면하는 유일한 방법이다. 안타깝게도 탈락한 자들은 결과물 대신 변명을 내놓는다. 하지만 이를 주의 깊게 듣는 심사위원은 아쉽지만 아무도 없었다.

Audition

미션에서
살아남기

'슈퍼위크'에는 미션의 개념이 본격적으로 도입된다. 조별 개인 평가를 제외하고 그룹 미션과 라이벌 미션은 본선에서 이어질 미션의 맛보기다. 여기서 경쟁자이자 동료인 지원자들과 기본적인 협업 능력을 평가 받는다. 지원자가 극한의 긴장 상태에서 결과물을 뽑아내며 드러나는 인간적인 매력에도 집중한다.

《슈퍼스타K》를 비롯한 오디션 프로그램은 프로의 세계로 바로 뛰어들 '즉시' 전력감을 찾는다. 발전 가능성을 보여주는 것도 좋지만 이 단계로 넘어오면 최대한 완제품에 가까워야 한다. 때문에 아마추어의 풋풋함이 느껴지던 오디션 환경도 프로 가수의 세계와 흡사하게 구성된다. 동료들과 융화하고 스태프와 호흡할 줄 알아야 한다. 지원자는 이 과정을 통해 프로의 세계에서 보여줄 적응력을 평가 받는다.

여기에 2박3일간 연이어 몰아치는 미션은 말 그대로 극한 상황이다. 숱한 역경 속에서 포기하지 않는 근성이 시험대에 오른다. 지원자가 얼마나 간절히 원하고 있는가는 심사위원이 꼭 확인하고 싶어하는 중요한 평가 항목이다. 각종 미션은 이 기회가 아니면 안 된다는 결연하고 다부진 지원자의 의지를 확인하는 과정이기도 하다.

역경에 대처하는 이들의 기지와 실력은 대중의 시선을 잡아끈다. 잠재됐던 이들의 스타성이 발현되기 시작하는 지점인 셈이다. 한줄기 빛이 프리즘을 통과하면 다채로운 빛으로 넓게 퍼지듯이 이들의 캐릭터는 본선 진출과 함께 확장된다. 그 가능성을 짐작해보는 과정이다.

이미 두 차례의 '슈퍼위크'가 진행됐다. 그리고 앞으로 또 진행될 것이다. 달라진 부분도 있지만 큰 틀에서는 위의 원칙에 따를 것이다. 선배들은 실수를 줄이고 원칙에 충실하라고 충고한다. 미션을 설계하는 입장에서 보는 것도 큰 도움이 된다. 시험도 출제자의 의도를 파악해야 잘 본다고 하지 않는가.

한 가지만 잊지 말자. 미션은 통과자를 가리기 위한 관문이다. 따라서 심사위원들은 최대한 비열하고, 가능하다면 최대한 가혹하게 굴 것이다. 묵묵히 이를 감수하되 그동안 노출된 미션의 허점을 노리는 데 주력하라. 그것이 당신이 택할 최선이고, 확실한 통과 비법 중 하나다.

Audition

조별 개인평가

'슈퍼위크'는 지원자가 조별로 입장해 개인평가를 받는 것으로 시작한다. 개인으로 평가를 받는다는 점에서 지역 예선의 연장선이다. 짧게는 몇 주, 길게는 몇 달의 기간 동안 각자 준비한 내공을 겨룬다는 측면에서 짧지만 살벌한 과정이다. 찰나의 평가로 지원자의 2/3가 집으로 돌아간다.

지원자에게 주어지는 시간은 단 30초. 강렬한 인상을 남기기 위해 지원자의 몸부림이 펼쳐진다. 하지만 안타깝게도 만반의 준비를 했지만 긴장감을 이기지 못하는 지원자가 대부분이다. 준비한 내용을 채 풀어놓기도 전에 아쉽게도 귀가 조치를 당한다.

2박3일 일정 가운데, 생애 첫 생사의 기로에 놓인 지원자들. 생존을 위해 먼저 따져봐야 할 것이 있다. 바로 심사기준. 심사위원은 각기 평가 분야를 나눠 면밀하게 지원자를 살핀다. 시즌2의 경우 이승철은 지원자의 노래 실력과 적응력을, 윤종신은 희소가치를 평가항목으로 삼았다. 박진영은 인간적인 매력과 자기관리 능력을 기준으로 들었고, 엄정화는 열정과 카리스마를 보겠다고 공언했다.

이 같은 기준은 《슈퍼스타K》가 찾는 우승자에 대한 기본 조건이며, 평가의 근간을 이루는 초석이다. 심사위원이 바뀐다고 해도 방향은 달

077
Audition

라지지 않을 것이다.

이런 기준에 따라 지원자는 미션을 수행할 것이고, 심사위원은 지원자를 평가한다. 이는 조별 개인평가에 국한 되지 않는다. 본선 무대에서도 유효하다. 따라서 시시각각 급변하는 상황에서 이러한 기준을 잊어선 곤란하다. 심사위원의 기준을 머리에 넣고 뼈에 새겼다면 필수 원칙을 따져보자.

♔ 30초에 승부를 걸어라

평생을 벼른 오디션, 하지만 야속하게 주어진 시간은 고작 30초. 무엇을 보여줘야 할지 지원자의 마음은 급하고 머릿속은 복잡하다. 레퍼토리를 늘리고 춤을 배워본다. 분위기를 띄울 개인기도 필수인지 모른다.

하지만 선배들은 복잡한 마음부터 다잡으라고 충고한다. 자신을 강렬하게 소개하는 30초짜리 '예고편'을 만들라는 것이 선배 김지수의 주문이다.

"노래를 처음부터 부를지 후렴부터 부를지를 묻는 지원자도 봤어요. 아마도 당황해서 그런 것이겠죠. 딱 30초밖에 없으면 이것저것 생각할 겨를도 없어요. 가장 잘하는 걸 임팩트 있게 보여줘야죠. 영화의 내용을 압축해서 흥미를 끄는 예고편을 한 편 만든다고 생각하면 이해가 될까요?"

조별 개인평가는 지역 예선의 준비 과정과 크게 다르지 않다. 다만 이를 압축하고 강조하는 과정이 필수다. 군더더기를 줄이고, 자신의 실력을 보여줄 농축액을 30초라는 그릇에 담아야 한다.

사실 당락을 결정하는 데 30초도 길다는 것이 전문가들의 반응이다. 지역 예선 심사위원으로 나선 가수 현미는 방송을 통해 "노래 첫 소절을 들어보면 감이 온다"고 했다.

더구나 '슈퍼위크' 참가자는 지역 예선을 거친 만큼 실력에 큰 차이가 없다. 때문에 저마다 가진 실력을 순간적으로 모두 쏟아놓는 집중력에 승패가 달렸다는 점은 아무리 강조해도 지나치지 않는다.

수많은 노래 가운데 자신의 운명을 걸 노래를 한두 곡으로 압축해 고르자. 온 마음을 담아 부를 소절을 정하는 것은 그 다음이다. 춤에 자신이 있다면 어떤 매력을 강조할지 세부 동작과 흐름을 결정해야 한다.

더하고 추가하기보다 덜어내고 지워내는 전략이 필요하다. 자신에게 가장 강력한 한 방이 있는지, 있다면 과연 무엇인지 '슈퍼위크'를 앞둔 지원자라면 신중하고 냉정하게 놀아봐야 한다. 사전에 실전과 같은 30초 시뮬레이션을 반복할 것을 선배들은 조언했다.

♛ 숙제를 끝내라

숙제는 마치고 놀아야 한다. 초등학생도 아는 룰이다. 이를 지키지 못하면 막대한(?) 불이익을 받는다. 지역 예선을 합격으로 마무리한 지원자라면 더욱 그렇다.

지원자들은 통과를 조건으로 각종 숙제를 부여받는다. 고쳐야 할 점을 지적받고 '한 번 더' 기회를 얻는다. 지역 예선에서 '슈퍼위크'까지는 최소 1개월 이상의 시간적 여유가 있다. 때문에 평가의 연장이라는 개념이 짙다.

시즌2 강승윤이 대표적인 예. 그는 부산 예선에서 윤종신에게 노래에 심취했을 때 나오는 표정을 지적받았다. 과도한 표정이 자칫 오해받을 수 있다고 했다. 그는 '슈퍼위크'에서 이를 개선했다. 정면을 응시하거나 눈을 감으며 노래를 표현했다.

하지만 그는 함께 지적받았던 기타를 튜닝하는 습관까지는 고치지 못했다. 기본적인 성의가 부족한 것 아니냐는 질책을 받았다. 그의 위험한(?) 습관은 심층 면접에서 탈락의 위기로 내몰리는 아찔한 상황을 만들었다.

이승철, 윤종신 등은 본선에서도 심사를 이어간다. 이들을 지역 예선에서 만났다면 보다 세심한 주의가 필요하다. 합격했다면 이들의 주문 사항을 잊어서는 곤란하다. 합격을 시키는 이유와 보완할 점에 대해서 복기해야 한다. 반드시 개선시켜야 하고, 그리고 '슈퍼위크'에서 숙제 검사를 받아야 한다.

이는 본선 진출자라면 반드시 필요한 과정이다. 지적과 보완의 과정은 심사위원과 지원자가 나누는 유일한 소통이다. 이 과정을 통해 지원자는 특정 심사위원을 암묵적인 멘토로 느낄 수 있다. 심사위원 입장에서 공정성을 지키는 것은 기본이다. 하지만 유독 신경이 쓰이는 지원자가 있는 것은 어쩔 수 없다. 지원자라면 이를 놓쳐서는 안 된다.

심사위원에게 특별한 존재로 남으려는 애를 써야 한다. 물론 애정이 가면 칭찬에 인색해진다. 관심이 쓰이면 조언이 독해진다. 윤종신이 강승윤에게 기대치가 높았고, 이승철은 허각에게 유난히 엄격했다.

하지만 이들이 최대 위기에 처했을 때 발 벗고 나선 것도 이들이었다. 심층 면접에서 탈락의 기로에 선 강승윤을 변호한 것은 윤종신이었다. 라이벌 미션에서 탈락한 허각에게 구원을 손길을 내려준 것도 이승철이었다.

무조건 눈에 들어야 한다. 살아남아 찍혀야 한다. 그리고 특별한 존재로 남아야 한다. 잊지 말자. 그러기 위해서는 순간마다 쏟아지는 과제는 기본이다.

👑 흉내 내다 쫓겨난다

SBS에서 2001년 방송된 박진영의 《영재 육성 프로젝트 – 99%의 도전》을 기억하는가? 원더걸스의 선예와 2AM의 조권, 그리고 미쓰에이의 민이 이 프로그램을 통해 발굴됐고, 오랜 훈련을 거쳐 스타로 성장했다.

하지만 빛이 있으면 그림자가 있는 법. 앞서 언급된 이들과 달리 중도 포기해 꿈을 접었던 영재도 있다. 사람들의 기억에서 사라져가던 이들이 《슈퍼스타K》를 통해 재조명됐다.

구슬기와 이상지. 두 사람은 각각 시즌1과 시즌2에 지원해 '슈퍼위크'에서 모두 탈락했다. 주목을 끌었던 점은 이들의 탈락 심사평. 구슬기는 "틀려도 뻔뻔하게 잘했다", 이상지는 "많이 보여주려다 역효과가 났다"는 평을 들었다.

이들의 심사평은 뒤에 논란이 되기도 했다. 아마 평가 현장에 없던 이라면 잘해서 떨어뜨리고 많이 보여줘서 역효과가 났다는 데 이의를 제기할지 모른다. 하지만 이상지를 평가한 박진영의 다음 말 "제스처, 표정, 노래 모두 과하다. 붙으려고 노래하는 것 같았다"에 주목하자.

쉽게 피부에 와 닿지 않는 세 글자, '과하다'. 이를 보컬트레이너와 안무가에게 물어봤다. 이들은 '세 글자'를 길게 풀어 설명했다. 개인마다 차이는 있겠지만 '기본에 충실하기보다 프로의 느낌을 주려고 애쓸 때 쓰는 표현'이라고 규정했다. 오디션 현장에서 흔히 쓰는 말이며 심사위원들이 경멸하는 분위기라고 확인해 줬다.

아직도 그 문장이 어떤 분위기를 뜻하는지 모르겠다면 시야를 넓혀보자. '영재 육성 프로젝트' 출신의 두 사람이 모두 탈락하면서 《슈퍼스타

K》는 졸지에 '영재의 무덤'이 됐다. 하지만 같은 이유로 탈락한 이들은 두 사람뿐이 아니다. 그룹에 속했던 전 멤버, 기획사 연습생 출신의 지원자들이 하나같이 낙마했다.

결과적으로 과유불급이라는 말이 오디션만큼 적절히 쓰이는 곳도 없다. 프로가 아닌데 프로의 느낌을 내려는 이를 '진짜' 프로는 경멸한다. 과한 느낌으로 프로의 습관을 흉내 낸다고 판단되면 가차 없다. 발전가능성이 없다고 단정 짓는다.

많은 지원자가 이 대목에서 머리를 갸웃거릴지도 모른다. 분명하게 와 닿는 느낌은 아닐지도 모른다. 하지만 글로 표현하기에는 한계가 있다. '흉내 내기'와 '색깔 내기'는 구분하기 어려울 만큼 차이가 미묘하다. 보는 시각에 따라 해석하기 나름일 수도 있다.

하지만 '과하다'와 '덜하다'의 온도차는 확연하다. 전자는 이것저것 차용한 것을 짜깁기해서 화려하지만 내실은 없는 것을 가리킨다. 후자는 덜 다듬어졌지만 자신만의 분명한 느낌을 드러내는 것을 말한다.

따라하지
말란 말이야~

 조별 미션

조별 미션은 '슈퍼위크' 최고의 난코스다. 숱한 실력자가 이 고비를 넘기지 못하고 집으로 발길을 돌렸다. 실력 외에 외부 변수가 곳곳에 도사리고 있다.

기본적으로 자신만 잘해서는 통과할 수 없다. 경쟁을 바탕으로 협업을 해야 한다. 경쟁자인지 동료인지 헷갈리는 이들과 운명의 배를 함께 타야 한다. 때문에 운도 따라줘야 한다. 하지만 심사위원들은 단호하게 말한다. 운도 실력이라고.

이 과정을 통해 개인평가를 통과한 이들의 절반이 살아남는다. 50%의 생존율이다. 하지만 다음 관문인 라스트 미션으로 올라가는 인원은 시즌1, 시즌2 모두 적정 인원인 20명을 다 채우지 못했다. 그만큼 지원자에게 가혹하고 힘겨운 과정이다. 때문에 매번 패자부활전을 연다.

그렇다고 주눅들 필요는 없다. 두 번의 시즌을 통해 합격을 부르는 모범사례가 나와 있다. 탈락을 예감케 하는 위험사례도 물론 있다. 게다가 어떤 곡이 미션으로 나오는지 족보(?)를 확보할 수 있는 유일한 미션이기도 하다. 팀워크를 발휘한다면 조원 모두가 의외의 결과를 기대할 수도 있다.

자포자기하는 누군가에게는 잔인하도록 길고, 열정을 불태우는 어떤

이에게는 가혹하도록 짧은 그 뜨거운 하룻밤 속으
로 들어가보자.

♛ 조장의 득과 실

조별 미션은 조를 단위로 평가받는다. 조 구성원은 어
쩔 수 없는 공동 운명체다. 이 운명의 단초를 조직하는 이가
있다. 바로 조장이다. 시즌1은 추첨식으로, 시즌2는 자발적으로 조장을
뽑았다. 선발된 조장은 조원을 고르는 일로 시작한다.

조장의 역할을 개인 입장에서 살펴보자. 먼저 조장을 맡느냐 안 맡느
냐는, 조별 미션에 합격하는 데 유리하느냐 그렇지 않느냐의 다른 표현
이다. 조장의 임무를 성실하게 수행해도 탈락을 면할 수 없다. 반대로 조
장의 책임을 져버린다고 꼭 불합격하는 것은 아니다.

단순하게 확률만 따져본다면 시즌2에서 조장을 맡은 10명 가운데 라
이벌 미션에 진출한 이는 단 3명에 불과하다(김그림의 경우 조를 옮겨 제
외했다). 높은 수치는 아니다. 감당할 여력이 없다면 조장 자리를 고사하
는 편이 생존에 유리하다.

여기에 앞선 두 시즌은 '조장 잔혹사'로 불려도 될 만큼 시련의 연속이
었다. 조원 모두가 미션 곡에 익숙하지 않을 수 있다. 따라서 조장은 이
들을 가르치는 역할도 겸해야 했다. 자신만 챙기기도 버거운 경쟁의 순

간에 타인을 견인하며 에너지를 나눠줘야 한다.

조원들의 의견 조율도 조장의 임무였다. 곡 선정부터 편곡과 연습 방식을 두고 신경이 곤두선 조원들은 마찰을 거듭했다. 결국 조장이 이들을 어르고 달래 미션을 완성시키는 고난의 십자가를 지어야 했다.

그렇다고 조장의 자리를 '독이 든 성배'로만 규정하기에도 무리가 있다. 조장이 아닌 조원은 타의에 의해 조에 편입돼야 하고, 타인의 지시를 받아 움직이는 것을 감수해야 한다. 위험부담이 따르지만 조원을 고르고 조 전체를 리드하는 조장의 입장과는 다르다.

때문에 정해진 답은 없다. 지원자라면 조장의 자리가 줄 득실을 따져봐야 한다. 하지만 먼저 자신이 조장에 적합한 인물인지를 판단해야 한다. 순간의 선택이 미션의 향배를 좌우하기 때문이다. 자신뿐만 아니라 조원의 운명까지도 결정할 수 있다는 점을 유념해야 한다.

♛ 대중성을 비틀어라

조장이 될지 조원으로 남을지를 결정했다. 이제는 조원을 다음 미션으로 넘겨줄 행운의 노래를 고르는 일이 남았다. 미션 곡은 후보곡이 주어지고 나면, 조원과 상의를 거쳐 조장이 선택한다. 어떤 노래를 부를 것인가는 조장이 누가 되느냐 만큼 중요한 문제다. 조원의 구성에 맞춰 조장이 신중하게 골라야 한다.

시즌1은 20곡, 시즌2는 16곡이 조별 미선의 후보곡으로 올랐다. 한 노래는 한 조만이 선택하는 것이 원칙이었다. 그래서 적절한 노래를 누가 먼저 선택하느냐가 어느 미선보다 중요하다. 일단 후보곡을 살펴보면 대중성에 기초해서 목록을 선정했다는 점을 알 수 있다.

발라드, R&B, 댄스, 트로트, 힙합 등 장르를 적절히 안배했다. 1990년대부터 2000년대까지 발표 시기도 고르게 흩어졌다. 여기에 남녀 솔로와 그룹의 비중도 맞췄다. 〈소녀시대〉〈붉은 노을〉〈늘 지금처럼〉 등 리메이크된 곡을 선호하는 것은 신·구세대 할 것 없이 아는 노래라는 점 때문으로 보인다.

〈8282〉〈늘 지금처럼〉〈벌써 일년〉〈샤방샤방〉 등은 시즌1과 시즌2에서 모두 후보곡으로 올랐다(시즌3에도 나올 가능성이 있다). 같은 곡이 2년 연속 등장하는 것은 제작진이 노래를 면밀하게 고르지 않아서가 아니다. 특정 노래가 지원자로서 반드시 알아야 하는 지정곡이기 때문에 넣은 것은 더더욱 아니다.

이는 미선이 낯설고 어려운 노래를 많이 알아야 하는 퀴즈식 미선이 아니라는 점이다. 어떤 노래가 나오냐는 사실 별다른 의미가 없다. 쉽고 대중적인 노래가 나올 가능성은 이미 매우 높기 때문이다.

대신 누구나 쉽게 접하는 익숙한 노래를 골라서 배열한 이유를 짐작할 필요가 있다. 이는 심사위원이 조별 미선을 평가하는 데 대중성이 중

Audition

요한 기준이 될 것을 암시한다. 누구나 아는 노래를 던져주고 조에서 새롭게 만들어보라는 것은 모든 이가 공평한 조건에서 미션에 임하도록 하려는 배려다.

하지만 조별 미션 후보곡 목록에는 오디션 본연의 중요한 힌트가 숨어 있다. 바로 귀에 가장 흔하고 익숙한 노래를 가장 신선하고 낯설게 재구성할 수 있는지의 여부다. 그 점에 미션의 성패가 달려 있다. 겉으로는 대중성을 내세우고 있지만, 속으로는 이를 과감하게 비틀어주기를 기대한다.

👑 뭉쳐야 산다

화산 폭발을 앞둔 섬에서 고립된 인원이 제한된 재료로 배를 만들어 탈출하라는 미션을 받았다. 남겨진 식량은 단 이틀 분. 때마침 화산 역시 이틀이면 폭발할 것으로 보인다. 리더를 맡은 이가 남은 이들과 긴박하게 의견을 주고받는다. 배를 함께 설계하고, 역할을 고루 나눈다. 어느덧 배는 하루 만에 완성되고, 이들은 안전하게 섬을 탈출할 수 있었다.

이야기가 어딘가 밋밋하고 어색하다. 현실성이 떨어져 보인다. 어쩐지 숱한 갈등과 반목이 일어날 것 같다. 모자란 식량 때문에 다투고 부족한 시간 때문에 싸울 것 같다. 극소수의 인원이 기적적으로 살아남거나 비극적으로 모두가 최후를 맞을 것이라는 결말이 오히려 익숙하다.

★《슈퍼스타》시즌1 조별 미션 후보곡 ★

가수	노래	가수	노래
SG워너비	타임리스	소녀시대	소녀시대
다비치	8282	V.O.S	뷰티풀 라이프
god	하늘색 풍선	박상철	무조건
에이트	심장이 없어	빅뱅	하루하루
이문세	붉은 노을	핑클	늘 지금처럼
성시경	우린 제법 잘 어울려요	신화	아이 프레이 포 유
빅마마	거부	쥬얼리	슈퍼스타
박현빈	샤방샤방	2AM	어떡하죠
브라운 아이즈	벌써 일년	플라이 투 더 스카이	씨 오브 러브
인순이	밤이면 밤마다	버블 시스터즈	하늘에서 남자들이 비처럼 내려와

★《슈퍼스타》시즌2 조별 미션 후보곡 ★

가수	노래	가수	노래
2AM	죽어도 못 보내	브라운 아이즈	벌써 일년
빅마마	거부	김태우	사랑비
바본	유앤아이	다비치	8282
박진영	허니	2PM	기다리다 지친다
홍진영	사랑의 배터리	박현빈	샤방샤방
시크릿	매직	이예린	늘 지금처럼
씨엔블루	러브	원더걸스	투 디퍼런트 티어스
박미경	이유같지 않은 이유	거미	어른아이

인간의 끝없는 욕심과 지속된 경쟁이 순조롭게 진행될 일을 그르치는 경우는 우리 주변에 너무나 흔하다. 위기를 맞을 때 구성원이 공동운명체라는 사실을 망각하고 각자 살겠다고 발버둥 치는 순간 공멸의 길이 시작된다. 당연하고 명료한 이 원리를 많은 사람들은 알면서도 쉽게 지나친다.

조별 미션을 고민하며 섬 탈출 미션을 떠올린 것은 이 때문이다. 역할을 나누고 일사불란하게 움직인다면 공존의 확률이 높아진다는 건 누구나 안다. 하지만 시간이 지날수록 주요 파트를 맡겠다는 부질없는 욕심과 다른 조원을 못 미더워하는 근거 없는 불신이 싹트기 마련이다.

옆의 조가 노래를 순조롭게 완성하면 자신의 조가 부진한 탓을 누군가에게 돌린다. 부르던 노래가 아니고 스타일이 안 맞는다는 이유로 배회하는 조원이 나오면 솔직히 싫지만은 않을 것이다. 어쩌면 경쟁에서 도태될거라 여기고 속으로 쾌재를 부를지도 모른다.

이 같은 오해는 지원자들이 조별 미션의 본질을 잘못 이해하면서 비롯된다. 조별 미션에서 중요한 단어는 '조별'이다. 조를 나눠서 평가하는 미션이라는 뜻이다. 경쟁의 무게가 조원이 아니라 조에 실린다. 조원의 결속력이 중요한 심사기준임은 강조할 필요도 없다.

하지만 안타깝게도 참가자 대부분은 숲을 보지 못하고 나무에 집중한다. 눈에 안 보이는 다른 조와 대결하기보다 눈앞의 조원과 경쟁하기를 선택한다. "하나로 녹아들지 않으면 무조건 탈락"이라는 선배 이보람의 충고는 무색하기만 하다.

심사위원이 조별 미션에서 보기를 원하는 것은 불필요한 경쟁이 부른 공멸의 모습이 아니다. 오히려 경쟁을 뛰어넘어 이루는 협업의 가치를 높게 평가한다. 다만 눈앞의 조원을 경쟁자로 보고 마는 지원자의 착시 현상이 예기치 않은 화를 부른다는 사실을 기억하자.

♕ 가사가 운명을 가른다

조별 미션에서 유난히 이변이 속출한 《슈퍼스타K》 시즌2. 지원자를 가장 힘겹게 한 것은 고음도 발성도 그리고 화음도 아니었다. 의외로 당락을 결정짓는 최대 관건은 가사 암기였다. 가사 암기를 얕봤다가 큰코다친 조가 한둘이 아니었다.

치열한 지역예선을 통과하고 그 어렵다는 '슈퍼위크' 첫 날을 넘긴 실력자에게 가사가 걸림돌로 작용할 것이리고 예상한 이는 혼지 않았나. 예기치 않은 우려는 현실로 다가왔다. 10개 조 가운데 가사 실수를 범한 팀은 무려 5개 조에 달한다. 가사 실수를 저지른 당사자는 예외 없이 탈락했다.

여기에는 오디션 프로그램이라는 특수성이 크게 작용한다. 단 하룻

밤의 연습으로 진행되는 미션이라 심적 부담이 크다. 긴장이 지속될수록 머릿속에 가사가 잘 들어오지 않는다.

가사 암기를 소홀히 하는 지원자의 안일함도 원인이다. 금세 외운다고 자신하다 낭패를 본다. 이는 곁에서 가사를 알려주는 조원에게도 민폐다. 타인의 연습을 방해하면서 결국 조가 미션에 실패하게 하는 단초를 제공하고 만다.

이 같은 분위기는 이어질 라이벌 미션에서도 발견된다. 가사를 미처 외우지 못해 가사를 적은 종이를 꺼내 보며 노래하다 심사위원의 철퇴를 맞는 이들이 속출했다.

가사의 중요성은 조별 미션에서 특히 강조된다. 가사를 실수할 경우 조 전체에 영향을 미친다. 전체 흐름을 깨뜨려 곡의 완성도를 저해한다. 가사 실수를 넘기려 애드리브를 구사하다 다른 조원에게 피해를 주는 경우가 생긴다. 뜻하지 않은 실수로 가해자와 피해자의 운명이 뒤바뀔 가능성도 높다.

가사뿐만이 아니다. 랩을 구사할 때도 정확성이 필요하다. 박진영은 심사 도중에 "라임을 맞추지 않고 프리스타일 랩을 한다면 래퍼가 아니어도 3시간을 가뿐하게 할 수 있다"고 꼬집었다. 각운을 정확히 구성해 리듬감을 살리지 못하면 랩 구사는 오히려 감점의 요인이 된다.

라이벌 미션

라이벌 미션은 '슈퍼위크'의 하이라이트다. 20명으로 압축된 지원자가 본선 진출을 놓고 마지막으로 실력을 겨룬다. 생존율은 역시 50% 가량이다. 하지만 통과 난이도는 훨씬 높아진다.

싱어송라이터, 기타리스트, 소울보컬, 파워보컬, 하이틴보컬, 로틴보컬, 퍼포먼스싱어 등의 유형별로 2명씩 짝을 이뤄 무대에 오른다. 2명의 지원자가 보여주는 경쟁과 화합의 화학작용은 '슈퍼위크'가 보여주는 백미로 꼽힌다. 서로 닮은 듯 다르고, 서로 튀는 듯 조화를 이루는 이들의 경연은 숱한 명장면을 남겼다.

무엇보다 이 무렵 물이 오르는 지원자들은 미션에 적응해간다. 조별 미션을 거치며 심사위원이 원하는 바를 읽어내기 시작한다. 서로 협조를 이루며 하나의 결과물을 만들어낸다. 하지만 완성도에 따라 희비가 엇갈리는 건 어쩔 수 없다.

긴장감은 조별 미션에 비해 상승한다. 본선으로 향하는 마지막 관문이라는 압박에 지원자의 심장은 방망이질 한다. 본선 진출자가 최종으로 가

려지는 단계라 지원자의 간절함은 극에 달한다. 게다가 2명 가운데 1명
은 탈락할 것이라는 제작진의 엄포는 팽팽한 긴장감을 형성한다.

경쟁자이자 동료인 상대방과의 무대는 혼란스럽기만 하다. 여기에
이틀간의 미션을 거치며 지원자의 몸과 마음은 지칠 대로 지쳤다. 총체
적인 문제에 봉착한 지원자. 그가 할 수 있는 일은 자신을 그리고 동료
를 믿는 일뿐이다.

최후의 심판을 기다리는 마지막 밤, 생존을 향한 아우성으로 가득한
열전의 순간을 느껴보자.

♛ 족보는 공개됐다

라이벌 미션의 후보곡은 두 차례 시즌에서 모두 같은 방식으로 정해졌
다. 지역 예선 심사위원으로 참가한 가수들의 대표곡들로 후보곡이 채
워졌다. 이는 시즌3에서도 크게 달라지지 않을 것이다.

발라드, R&B, 트로트, 댄스, 힙합 등 각 분야를 망라하는 심사위원의
스펙트럼은 넓다. 하지만 막상 심사를 맡을 만한 가수는 그리 많지 않
다. 장르에서 대표성을 띠어야 하고 전문적인 식견도 갖춰야 한다. 때
문에 두 차례의 시즌에 참여했던 심사위원이 다음 시즌에도 등장할 가
능성이 높다.

라이벌 미션까지 오를 자신이 있는 지원자라면 공개된

족보(!)를 바탕으로 철저한 사전 준비를 거쳐야 한다. 이승철, 윤종신 등 본선 심사위원으로 등장할 이들의 대표곡은 필수다. 라이벌 미션에서 미션 곡으로 만나지 않더라도 본선에서 한 번은 반드시 만나기 때문에 노래를 충분히 접해두어야 한다. 선배들은 반드시 한두 곡은 마스터해 둘 것을 주문한다.

★ 《슈퍼스타K》 시즌1 라이벌 미션 후보곡 ★

가수	노래	가수	노래
이승철	인연	이효리	톡톡톡
현미	밤안개	인순이	거위의 꿈
클래지콰이	쉬 이즈	이수영	덩그러니
박지헌	보고 싶은 날엔	김태우	하고 싶은 말
박정아	예(Yeah)	리쌍	발레리노
손호영	아이 노우	바다	뮤직
장윤정	짠찌리	태진아	사랑은 아무나 하나
조성모	투헤븐	박정현	꿈에
윤종신	거리에서	윤도현	사랑했나봐
서인영	가르쳐줘요	화요비	반쪽
휘성	위드미	윤미래	하루하루
김수희	애모		

★ 《슈퍼스타K》 시즌2 라이벌 미션 후보곡 ★

가수	노래	가수	노래
이승철	네버 엔딩 스토리	DJ DOC	런투유
백지영	내 귀에 캔디	싸이	연예인
아이비	유혹의 소나타	인순이&조피디	친구여
MC몽&김태우	아이 러브 유, 오 생큐	김종국	사랑스러워
윤종신	너의 결혼식	노사연	만남
클래지콰이	쉬 이즈	드렁큰 타이거	난 널 원해
윤미래	시간이 흐른 뒤	박정현	편지할게요
서인영	신데렐라	설운도	쌈바의 여인
켈리클락슨	비코즈 오브 유	조성모	너의 곁으로
플라이 투 더 스카이	미싱 유	윤도현	잊을게
이수영	덩그러니	현미	밤안개
옥주현	허니	씨야	사랑의 인사
리쌍	발레리노	엄정화	하늘만 허락한 사랑
박진영	너의 뒤에서		

시간이 허락한다면 준비 기간 동안 시즌1과 시즌2의 후보곡 가운데 연습 삼아 자신의 미션 곡을 정해 불러보는 것도 좋다. 사전에 노래를 접해두면 실전에서 가사 암기 등 노래를 익히는 시간을 단축할 수 있다.

더불어 지역 예선에서 만난 심사위원의 대표곡을 섭렵해둔다면 미션 통과의 확률은 보다 높아질 것이다. 간간이 지원자의 후기를 통해 공개되는 타지역 심사위원도 마찬가지다. 제대로 된 정보라면 굳이 외면할 필요 없다. 특히 이런 경우는 모르는 것이 약이라기보다 아는 것이 힘이 되는 상황이다.

♔ 적과의 동침

듀엣 미션은 라이벌 미션의 다른 이름이다. 듀엣이라는 표현은 두 사람이 한 노래를 함께 부른다는 뜻이 담겨 있다. 파트를 나누고 화음을 맞추는 과정이 평가된다. 두 사람의 색깔이 고루 드러나야 한다. 이런 과정으로 전혀 다른 스타일의 노래가 탄생한다면 심사위원은 탄식한다. 심사에 어려움을 겪기 때문이다.

마찬가지로 분명히 한 노래를 두 사람이 부른다. 하지만 듣기에는 같은 노래를 함께 부른다는 느낌이 없다. 노래를 뚝 잘라서 공평하게 나눠 부르는 경우다. 이는 정확한 의미에서 듀엣이라 보기 어렵다. 당연히 심사위원의 평가도 어렵지 않다. 불합격 처리하면 그만이다.

라이벌 미션이 '슈퍼위크'의 최대 고비로 꼽히는 이유는 서로 다른 두 가치 사이에서 균형을 잡아야 하기 때문이다. 라이벌이라는 단어에 내포된 경쟁과 듀엣은 협업의 미션이다. 어느 한쪽으로 쏠리는 순간 2명의 지원자는 위기에 봉착한다.

때론 주연과 조연으로 나뉠 수도 있다. 하지만 그 역할에 충실해야 한다. 함께한다는 것이 중요하고 노래 과정에서 개개인의 존재감이 묻어나야 한다. 둘 중 하나만 없더라도 이전에 존재하지 않는 무대를 만들어야 한다는 점은 지원자의 어깨를 강하게 짓누른다.

장재인과 김지수의 라이벌 미션은 그런 의미에서 좋은 예다. 격렬한 기타 연주로 원곡 〈신데렐라〉를 재해석했다. 서로의 연주를 타고 넘으며 흥을 고조시켰다. 서로의 파트를 보조하며 헌신했다. 두 사람이 만들어내는 팽팽한 긴장감에 심사위원은 탄성을 터뜨렸고, 탈락자 선정을 두고 깊은 고민에 빠졌다.

필요 이상으로 서로를 경계해서도, 반대로 경계를 풀어서도 곤란하다. 마지막까지 긴장을 늦출 수 없다. 이는 우승자 허각의 조언이다. 그는 박진영의 〈너의 뒤에서〉를 두고 존박과 본선 진출을 겨뤘다.

"같이 올라가면 좋겠지만 어쩔 수 없이 1명만 올라간다고 했어요. 연습할 때까지 존박이 우리말 발음을 어려워해서 제가 유리할 거라 생각했어요. 막상 무대에 올라가

보니 (존박이) 밤새 연습을 했는지 발음이 확 달라져 있었어요. 그때서야 알았어요. '나도 모르게 내가 방심했구나'라고요."

허각은 라이벌 미션에서 심사위원의 혹평과 함께 탈락했다. 물론 상대를 방심하도록 존박이 유도했다고 할 수는 없다. 존박은 마지막 순간까지 약점을 보완하려고 자는 시간을 쪼개 남몰래 발음을 교정했을 것이다. 문제가 있다면 허각의 안일했던 마음이다.

단 한 번의 방심이 최대 위기를 불렀다. 쓸쓸했던 그의 탈락 소감은 많은 이들을 안타깝게 했다. 가사를 외우지 못하거나 듀엣의 개념을 이해하지 못해서 동반 탈락한 이들이 속출하지 않았다면 그는 본선 무대에 오르지 못했을 것이다.

시시각각으로 변하는 경쟁과 협력, 그리고 경계와 동화의 과정이 바로 라이벌 미션의 중요한 키워드다. 상반되는 두 개념을 어떻게 뒤섞고 하나로 뽑아내느냐가 승부의 관건이라는 걸 유념하자.

👑 두려움을 지배하라

거듭 강조하지만 라이벌 미션은 본선 무대의 마지막 관문이다. 이는 생방송 무대에 설 지원자를 고르는 최후의 과정이라는 의미다. 비슷한 유형의 지원자를 한데 묶은 것은 실력이나 재능에서 비교 우위의 지원자를 선별하겠다는 뜻이다. 비슷한 그림을 나열하는 것을 선호하지 않는 방송의 특성과도 잘 맞는다. 이와 함께 가능하다면 생방송에 적합한 이를 고르겠다는 의지도 담겨 있다.

시즌2 본선 진출자 11명을 마지막으로 호명하는 순간을 기억하는가? 최후의 순간까지 합격 통보를 받지 못한 2명이 남겨졌다. 강승윤과 현승희. 이들을 두고 4명의 심사위원은 논의에 논의를 거듭했다. 방송에서 이들은 2 대 2로 팽팽하게 맞섰다.

심사위원의 최종 선택은 강승윤이었다. 마지막까지 피를 말리는 이 과정은 방송의 재미를 감안한 설정이었다. 그럼에도 이 대목을 쉽게 지나쳐선 안 된다. 합격자를 가리는 중요한 포인트를 알려주고 있기 때문이다.

당시 심사위원들은 재능 면에서 앞서지만 생방송의 중압감을 이겨낼지 의문이라는 판단에 현승희를 합격자 명단에서 제외했다. 생방송 무대를 앞뒀다는 특수 상황이 다분히 고려된 선택이다. 이는《슈퍼스타K》에서 빛나는 재능, 그 이상의 무엇이 필요하다는 걸 보여준다. 지역 예선과 달리 본선에 오르기 위해서는 새로운 심사 기준이 추가된다.

바로 '무대 울렁증' 없이 어떤 조건에서도 재능을 200% 발휘할 수 있는 배포다. 이는 지역 예선부터 본선 진출까지 지원자에게 꼭 필요한 덕목이었는지도 모른다. 하지만 그 존재 가치를 가장 인정받는 순간은 역시 '슈퍼위크'다. 어떠한 상황에서도 흔들림 없이 준비한 것을 실력 이상으로 펼칠 수 있다는 것. 심사위원들은 그 자체가 실력이라고 말한다.

주저하고 두려워한다면 그래서 주변을 불안하게 한다면, 그 지원자는 더 이상 생존 가능성이 없다. 주변을 긴장하게 만들지 못하면 자신이 긴장하게 될 것이다. 긴장을 즐기고, 공포를 지배하라. 그렇지 못하다면 어쩔 수 없다. 탈락의 위기가 호시탐탐 당신을 노릴 것이다.

마음을 비우고 자신의 매력을 발산해라

'싱어송라이터' 김지수

김지수가 전하는 3가지 팁

1. 낯선 노래를 찾아라.
2. 다양한 장르로 표현하라.
3. 인간적 매력으로 어필하라.

"종이 12번 울리고 눈이 풀리고 넋이 나간 녀석들은 침을 흘리고 아주 웃기고 하하하하."

아직도 진한 여운은 그대로다. 김지수가 장재인과 함께 기타 이중주로 풀어낸 서인영의 〈신데렐라〉는 《슈퍼스타K》 시즌2의 명장면으로 두고두고 회자될 무대다.

김지수와 장재인, 두 사람은 지역 예선부터 상당한 관심을 끌었다. 기타를 자유자재로 연주하고 곡 해석에 남다른 능력을 선보였다.

결국 두 사람의 유망주가 한데 뭉쳐 사고를 쳤다. '슈퍼위크' 심사위원들은 가장 어려운 심사로 두 사람의 무대를 꼽았다. 한 명을 탈락시켜야 하는 '라이벌 미션'이었기 때문이다. 가창력이 돋보일 수 있는 부분을 양보하고 철저하게 화음을 맞추고 몸을 낮춘 김지수는 예상을 깨고 살아남았다. 심사위원들이 협업의 중요성을 강조하며 조연에 충실했던 그의 손을 들어준 것.

김지수는 그런 의미에서 오디션 지원자에게 많은 점을 시사하는 인물이다. 각종 미션에서 자발적으로 '조연'을 자처하며 자신이 속한 조와 팀을 뒷받침했다. 떨어질 것을 각오하고 헌신하는 모습은 치열한 경쟁이 근간을 이루는 오디션에서 새로운 모델을 제시했다.

김지수는 '라이벌'이라는 단어가 주는 '경쟁'에만 매몰됐다면 두 사람 모두 탈락했을 것이라며 온화한 미소와 함께 입을 열었다. 그는 서로 튀려는 모습은 가뜩이나 탈락자를 고르기 난감해하는 심사위원을 도와주는 행동이라고 했다. 누군가는 조연을 맡아야 하고 그 역할에 충실하다 보면 동반상승 효과를 볼 수 있다는 것이 그의 설명이다.

합숙소 생활도 마찬가지. 리더십을 발휘하며 지원자를 이끈 허각이 엄한 반장이나 아버지의 역할을 했다면 그를 보좌하는 부반장이나 다른 참가자를 보듬는 어머니의 몫은 김지수였다. 지원자들의 각종 별명을 만들어 유행시키고, 순간마다 망가지는 '몸 개그'로 합숙소의 온기를 높였다.

무엇보다 빛나는 것은 그의 음악적 자질. 한명숙의 〈노란 샤쓰의 사나이〉, 이문세의 〈사랑이 지나가면〉, 마이클 잭슨의 〈벤〉 등 미션 곡을 그만의 색깔로 표현했다. 지역 예선에서는 〈초콜릿 드라이브〉 〈브라운 시티〉 등

비교적 알려지지 않은 곡들로 주목도를 높였다.

김지수가 가장 중요하게 생각하는 부분도 선곡이다. 싱어송라이터라면 낯설지만 듣기 편한 곡들을 발굴해서 자신의 색깔로 변주하는 과정이 필수라고 소개했다. 마음을 비우고 즐기다 보니 좋은 결과가 나왔다는 겸손함을 보이던 그는 이런 당부의 말을 했다.

노래도 중요하지만 그 노래를 부르는 이의 인간적 매력을 평가받는 것임을 잊지 말아야 한다고.

> **"**
> ## 좋아하는 곡에
> ## 나만의 색깔을 입혔어요
> **"**

김지수를 떠올리면 라이벌 미션에서 장재인과 〈신데렐라〉를 부르던 모습이 가장 인상적이었다는 평이 많은데요.

방송에는 여유롭게 나왔지만 미칠 듯이 걱정이 많았어요. 다른 팀은 노래를 완성해가는데 코드를 옮기느라 우리만 시간이 많이 걸렸어요. 결국 각자 노래 코드를 완성하고 결합시켰어요. 전혀 알지 못했던 노래라 가사도 새로 외워야 하는 상황이었죠. 마음이 다급했어요.

당시 박진영 심사위원은 두 사람의 대결을 주연과 조연으로 비유했어요. 김지수 씨는 코러스로 노래를 받쳐주는 조연이었죠. 하지만 결과는 조연의 승리였어요. 예상했나요?

전혀 예상 못했어요. 사실 전 떨어졌구나 생각했어요. 무대에 나서기 전에 "재인아, 톱10에 가면 응원할 테니 꼭 멋진 가수가 되라"고 말했을 정도죠.

'슈퍼위크'에 나서면 본선 무대에 진출하고 싶은 마음이 강렬해진다고 들었어요. 노래에서 주목 받는 부분을 양보한 것은 의외의 모습이었는데.

나서서 주목을 받는 성격이 못 돼요. 조별 미션 때도 제가 받쳐줘야 한다는 마음이 컸어요. 다른 사람이 떨어지지 않도록 내 몫을 해내겠다고 했죠. 욕심을 내고 아등바등 매달렸다면 오히려 결과가 좋지 않았을 거라 생각해요. 어차피 우승은 제 몫이 아니라는 생각도 했던 것 같고요. 마음을 비우다보니 매 순간을 즐기게 되고 그래서 의외의 결과가 나왔죠. 전 최종 탈락할 때까지 한 번도 미션에서 탈락한 적이 없어요. 그만큼 운도 따른 편이죠.

오디션 참가자답지 않게 여유가 넘치는데 성격이 원래 낙천적인 편인지.

매사 긍정적이긴 해요. 매 순간을 즐기려고 하는 편이죠. 돌아보면 《슈퍼스타K》 합숙 기간에 잘 적응할 수 있었던 건 성격 탓이 커요.

하지만 힘든 일도 있지 않았겠어요.

그럼요. 특히 다이어트와 금단현상이 괴로웠어요. 배가 고파서 정신이 몽롱한데 담배까지 피우지 못했던 건 제게 가혹했던 경험이었어요. 아마 끝까지 적응이 안 됐던 것 같아요. 저 같은 흡연자가 지원한다면 각오를 단단히 하셔야 할 거예요.

이제 준비 과정에 대해 좀 자세히 듣고 싶어요. 어떤 부분에 초점을 맞췄나요?

다양한 노래를 제 식대로 풀어내려는 데 집중했어요. 기타를 칠 수 있다는 점이 많은 도움이 됐었죠. 기타 연습은 따로 하지는 않았어요. 기타를 잡는 게 편하고 생활이다 보니 하던 걸 집중해서 한 셈이죠.

〈초콜릿 드라이브〉(모이다밴드)라는 노래는 김지수 씨를 만나면서 화제가 돼 사람들에게 많이 알려졌어요. 선곡은 어떤 방식으로 했나요?

좋아하는 노래를 먼저 고르고 계속 부르면서 내 색깔을 낼 수 있는 노래로 압축했어요. 모이다밴드의 〈초콜릿 드라이브〉나 브라운아이드소울의 〈브라운 시티〉가 그런 노래들이었어요. 5곡 정도 준비했던 것 같아요.

〈초콜릿 드라이브〉가 선곡으로 좋았다는 평을 많이 들었는지.

《슈퍼스타K》가 끝나고 노래의 원작자에게 연락이 왔어요. 노래를 알려줘서 정말 고맙다고요. 음악을 하면서 좋은 노래를 소개했다는 데 적잖은 보람을 느낄 수 있었죠. 다른 노래들도 앨범의 타이틀곡은 피하려고 했어요. 대중적이지 않은 노래나 잘 알려진 노래를 전혀 다르게 부를 수 있으면 좋을 것 같아요.

원곡과는 사뭇 다른 느낌이 나던데.
제 경우는 노래 연습을 할 때 원곡을 5번 이상 듣지 않아요. 더 들으면 창법이 아무래도 비슷해지죠. 코드를 따면 그냥 제 식대로 불러요. 계속 부르다보면 노래가 차츰 변하죠. 그런 식으로 연습을 하다보면 원곡과는 다른 분위기가 나와요. 의도한 건 아닌데 제 이런 부분이 좋은 점수를 받았어요. 《슈퍼스타K》가 다른 식으로 편곡해서 부르는 방식을 워낙 좋아하기도 하고요.

오디션이 다른 식의 편곡 방식을 좋아하는 특별한 이유가 있나요?
오디션은 기성 가수들이 나와서 경쟁하는 게 아니잖아요. 노래를 잘하는 일반인이 나오는 프로그램이니까 의외의 모습을 좋아하는 것 같아요. 전혀 새로운 노래가 나오면 사람들도 보는 재미가 있죠.

기타라는 악기가 가진 한계나 한정된 분위기가 있지 않나요? 그런 게 문제가 될 수도 있는 것 같은데.
사람들은 기타 하면 포크를 떠올리잖아요. 제 생각은 좀 달라요. 힙합이나 댄스 그리고 R&B나 트로트도 충분히 기타로 표현할 수 있어요. 기타나 악기가 있으니

가능한 일이겠죠. 그 점을 잘 살린다면 충분히 승산이 있다고 봐요.

합숙소 생활에서는 코믹한 이미지였어요. 예능감이 충만하다는 건 알겠는데, 합숙 생활은 또 다른 평가이지 않나요? 혹시 의도한 설정이었는지.
의도적으로 망가졌다기보다 그만큼 좋았어요. 노래하는 친구들이 모이다보니 24시간 내내 음악 얘기만 했던 것 같아요. 저도 모르게 들뜨고 편하다보니 행동도 그렇게 나왔죠. 생각해보면 당시 제가 상당히 힘들 때예요. 담배도 그렇고 다이어트도 그렇고, 전 힘들지만 제 모습을 보면서 사람들이 웃으면 좋겠다 싶었어요. 페이소스가 묻어나오는 유머라고 할까요?(웃음)
저 같은 경우는 지지층이 애매했어요. 사는 곳은 서울인데 제주에서 예선을 봤고 본선에서는 주소지 때문에 충북 출신으로 소개가 됐어요. (허)각이 형이 인천 사람들의 열렬한 지지를 받고 있을 때, 전 아무도 챙겨주지 않았어요. 한국 사람들이 똘똘 뭉치는 그런 게 있잖아요. 저 그 혜택을 전혀 못 받았어요. 버림받았죠.(웃음) 그나마 무대나 합숙소에서 솔직했던 모습을 좋아해주신 것 같아요.

서울에서 거주하는 것으로 아는데, 제주에서 예선을 보게 된 이유는 뭔가.
제작진이 부탁을 했어요. 사연이 있는 친구를 지역마다 안배해야 하는데 제주 예선에 나올 수 있냐고 해서

여행한다는 마음으로 응했죠. 예선 때 했던 선곡이 잘 어울려서 제주로 내려간 데에 후회는 없어요.

오디션을 지망하는 많은 싱어송라이터에게 조언을 해주신다면요.

선곡이 가장 중요한 것 같아요. 이건 싱어송라이터뿐만 아니라 모든 지원자에게도 해당되는 얘기죠. 기타를 치는 분들 같은 경우는 들어보지 못한 노래를 소개하는 것도 나쁘지 않을 것 같아요. (장)재인이가 준비를 잘했죠. 자작곡 〈그 곳〉을 듣고 참 멋있다고 느꼈어요. 사람들이 잘 안 부르는 노래를 찾아서 기타로 표현하면 좋은 그림이 나올 것 같아요.

참, 《나는 가수다》를 보면서 오디션 참가 전에 봤더라면 도움이 됐을 것이라는 생각이 들었어요. 《슈퍼스타K》가 기성가수의 노래를 편곡해서 부르는 미션이 워낙 많다보니 싱어송라이터라면 참고해볼 만하지 않을까요? 저라면 꼭 챙겨볼 것 같아요. 물론 가수보다 편곡자의 입장에서 봐야겠죠.

자신이 했던 미션 가운데 가장 마음에 드는 곡은.

개인적으로는 마이클 잭슨 미션 때 했던 〈벤〉이요. 제가 표현하고 싶은 감성 그대로 살릴 수 있어 무척 만족스러웠어요. 사실 이 노래로 탈락을 했지만 아쉬움은 없었어요. 보여줄 수 있는 건 다 보여줬다고 생각했거든요.

《슈퍼스타K》를 비롯해 가수를 지망하는 오디션 지원자에게 해주고 싶은 말이 있다면.

'슈퍼위크' 때 박진영 심사위원이 이런 말씀을 하셨어요. 인간적 매력을 평가하시겠다고요. 노래를 아무리 잘해도 그 사람에게 뽑아낼 매력이 없으면 소용이 없다는 말씀을 하셨는데, 그 말씀에 전적으로 공감해요. 감추고 꾸미고 포장하려고 하지 말고, 자신의 있는 그대로의 매력으로 매 순간마다 편안하게 노래하라는 말씀을 드리고 싶어요.

이제 곧 《슈퍼스타K》시즌3가 곧 시작됩니다. 지난해는 통기타를 든 지원자가 대세를 이뤘는데 올해는 어떨까요?

기타나 피아노를 연주하는 분이 주목을 받는 건 올해도 마찬가지일 것 같아요. 여기에 개인적으로는 보이즈투맨이나 스윗소로우 같은 아카펠라를 기반으로 하는 그룹이 강세를 보이지 않을까 생각해요. 일단 음악적으로 보여줄 것이 많고 미션에서 유리할 것 같아요. 확실한 점은 시즌2를 뛰어넘을 수는 없다는 점이죠. 하하.

i n t e r v i e w

표현하지 않으면
간절함이 아니다

'기타리스트' **김그림**

김그림이 전하는 3가지 팁

1. 레퍼토리는 다다익선.
2. 울렁증 대비 튜닝은 필수.
3. 근성은 나의 힘.

"다시 하겠습니다!"

갑자기 손을 들고 기회를 더 달라고 한 지원자가 있었다. 이미 '패자부활전'의 진행이 끝나고 누가 보더라도 탈락이 예상되는 지원자였다. 그러나 당돌한 이 한마디로 기회를 한 번 더 얻어내고 보란듯이 기회를 살려냈다.

어쩌면 김그림은 이때부터 안티를 양산했는지 모른다. 이미 모두에게 동등한 기회가 주어졌고, 이를 써버린 걸 아는 대중들의 눈에는 이기적으로 보였으리라. 또한 '슈퍼위크' 조별 미션에서는 조를 바꾸면서 뜻하지 않게 논란의 중심에 섰던 그녀였다.

그러나 그녀의 음악에 대한 의지에 박수를 보내 마땅

하다. 오디션을 준비하는 지원자에게 "자신의 모든 것을 꺼낼 수 있는 각오가 서야 해요"라는 주문에는 여전히 아물지 않은 상처가 묻어 있었다.

김그림은 댄스 그룹 위주로 돌아가는 가요계에서 기타리스트로 데뷔하기 위해서는 《슈퍼스타K》 외의 방법을 떠올리지 못했다고 한다. 그만큼 《슈퍼스타K》는 모든 것을 걸 만큼 그녀에게 단 하나뿐인 기회였고 비록 욕을 먹었을지언정 소중한 꿈을 저버리는 어리석은 짓은 하지 않았다.

여성 기타리스트로 선전한 김그림은 톱11 가운데 가장 먼저 프로 무대에 이름을 알렸다. 높았던 지상파 방송사의 장벽도 가장 먼저 뚫고 헤쳐 나가는 주인공이다. 작곡가 조영수와 손잡고 데뷔 앨범 〈플라이 하이〉를 내고 이제는 비상하려 한다.

김그림을 만난 곳은 지상파 방송사 음악 프로그램의 대기실이었다. 금발 머리가 인상적이었고 밝은 미소가 따스하게 느껴졌다. 대화하는 동안 오디션이라는 특수 상황에서 기타가 주는 장단점을 짚어줬고 방송에서 비쳐지지 않았던 비화도 소개했다.

데뷔 곡 〈너밖에 없더라〉는 음악에 대한 그녀의 수줍은 고백인지도 모른다. 간절하게 원하지 않으면 그 어떤 것도 얻을 수 없다는 단순하면서도 지나치기 쉬운 당부를 그녀는 거듭했다. 갈망하라고.

> **"**
> ## 100곡 이상 연습하고
> ## 20곡에 집중했어요
> **"**

시즌2에서는 예상치 않게 기타를 든 여성 지원자가 강세를 보였습니다. 기타를 치며 노래를 부르는 것이 득이 될 수도 있고, 실이 될 수도 있는 상황이었을 텐데, 결과적으로 어떠했다는 생각이 드는지.

레퍼토리를 많이 만드는 게 중요하다고 생각했어요. 《슈퍼스타K》를 앞두고 20여 곡 정도 정해놓고 연습했어요. 평소에 팝을 들었던 편이라 비율을 5 대 5로 맞추는 데 중점을 뒀죠. 지역 예선에서 기타를 든 분이 많이 없었던 것이 장점으로 작용했다고 생각해요. 아마 올해는 기타나 피아노 같은 악기와 함께 지원하는 분들이 많이 늘어날 것 같아요. 하지만 잘하지 못한다면 오히려 마이너스가 될 것도 같네요.

노래와 기타, 둘을 동시에 연습해야 하는 어려움이 있을 텐데 어떻게 준비했나요?

원곡을 듣고 기타를 치면서 불러봐요. 제 목소리에 톤이 맞겠다 싶으면 코드를 따고, 다양한 주법으로 불러보죠. 이렇게 한 100곡 정도를 불러봤던 것 같아요.

Audition

정말 대단하네요. 그렇게 많은 곡을 섭렵하고 나면 막상 어떤 노래를 부를지 결정하기 더 어려울 것 같은데, 지역 예선에선 어떤 노래를 골랐나요?

카리나Karina의 〈슬로우 모션Slow Motion〉 윤미래의 〈시간이 흐른 뒤〉 그리고 켈리클락슨Kelly Clarkson의 〈비코즈 오브 유Because Of You〉 같은 노래를 불렀어요.

기타를 들고 오디션에 임하는 것이 어떤 도움이 됐는지. 또 반대로 기타를 사용하는 것이 부담이 될 때는 없었는지.

좋아하는 악기라면 함께 연주하는 게 도움이 될 것 같아요. MR 반주로 노래를 부르는 것이 원곡에 충실하게 들릴 수 있지만 기타를 가지고 반주를 하면 자기 스타일대로 편곡을 할 수 있다는 점이 좋죠. 긴장이 되면 기타까지 신경 쓰기 어려워요. 만약 기타가 익숙하지 않다면 도움이 안 될 수도 있어요. 저도 초반에는 '기타 울렁증'을 경험했어요. 기타에 신경을 쓰니까 집중력이 분산됐죠. 적응하기 어려웠어요.

패자부활전에서 많이 인상적이었어요. 보는 견해에 따라 '과하다, 고집스럽다' 하는 사람도 있고, '멋지다, 근성있다' 고 하는 사람도 있었어요. 그런데 패자부활전에서도 기타를 들고 노래하셨죠? 근성인가요, 고집인가요?(웃음)

패자부활전이 있을 거라는 생각은 사실 못 했어요. 마지막이라는 생각이 들어서 손을 들었죠. 붙고 싶다

는 생각보다 마지막으로 노래라도 해야겠다는 마음이 컸어요. 그때 사실 급하게 올라가는 바람에 기타가 튜닝이 안 된 상태였죠. 지금 생각하면 끝까지 포기하지 않는 그 모습을 예쁘게 봐주신 것 같아요. 운이 따른 거죠.

정말로 운이라고 생각하나요?

네. 과정이 길고 워낙 지원자가 많다 보니 운이 따르지 않고는 힘든 것 같아요. 특히 '슈퍼위크' 때는 더욱 그렇죠. 미션 곡을 고를 때도 자기에게 맞는 노래를 만나는 게 쉽지 않아요. 그게 운이죠.

김보경과 펼친 라이벌 미션도 상당한 화제가 됐어요. 사실 라이벌 미션이 참으로 오묘한 과정 같아요. 경쟁자이자 동반자이고, 잘 어울리면서 우수해야 하니까요. 그 과정이 어땠는지 궁금하네요.

둘 다 워낙 음악에 대한 간절함이 컸기 때문에 많은 분들이 기억해주시는 것 같아요. 화면상에서 사이가 좋지 않게 나왔는데 그건 좀 아쉬워요. 방송이라는 특수성 때문에 그렇게 보였지만요. 서로 맞춰가는 부분이었고 잘해보자는 마음이 훨씬 컸거든요. 라이벌 미션은 방도 같이 쓰기 때문에 늦게까지 함께 준비하면서 서로 많이 의지도 했죠. 지금 생각해보면 둘이 따로 노는 팀은 가차 없이 탈락했어요. 한 곡을 같이 부른다는 식으로 준비해야 돼요. 조화를 이루는 모습을 평가한다는 느낌을 받았어요.

112

모든 과정이 다 힘들겠지만 '슈퍼위크'의 고난은 정평이 나 있어요.

저 역시 그랬어요. 체력이 강하지 못한 편이라 힘들었죠. 2박3일 동안 잠을 거의 못 잔다고 보는 게 맞아요. 식사도 제대로 못하죠. 어떻게 버텼는지 모를 정도였어요. 체력보다 정신력의 싸움이죠. 믿기 어려우시겠지만 중반이 되면 자포자기하는 사람도 나와요. 시간은 없고 미션은 어렵고, 힘들어 죽을 것 같아서 빨리 집에 갔으면 하는 사람들이 생겨요. 정말 중압감이 어마어마해요.

그런 면에서 근성이 대단해요.

아이돌이 대세인 건 사실이잖아요. 제가 하고 싶은 음악을 하고 알릴 기회가 드물죠. 이 길밖에 없다고 생각했어요. 간절하게 바라던 꿈이었던 만큼 이를 악물고 한 계단씩 올라가자 마음먹었죠. 트렌드에 맞는 음악이 아니어도 주목받을 수 있는 좋은 기회라고 판단했어요. 저처럼 기타를 치는 사람에게는 도전할 만한 가치가 있는 무대죠. 합격이든 불합격이든 상관없어요, 그 도전만으로도 얻는 것이 분명 있으니까요.

원하던 대로 기타을 들고 무대에 올라 주목도 받고, 또한 뜻하지 않게 많은 비난도 받고, 힘든 시간을 보내셨죠? 후회는 없는지.

아직 상처가 남아 있는 건 사실이에요. 여전히 어떤 얘기를 할 때마다 조심스럽죠. 제 본심과는 다르게 방송이 나갔던 것도 사실이지만 이제 조금씩 괜찮아지고 있어요. 본선 첫 무대에서 〈하숙생〉을 부르면서 이번이 마지막 무대가 되리라는 걸 스스로 직감했어요. 모든 걸 다 쏟아야지 하는 마음이었죠. 그 무대를 마치니까 속이 시원했어요. 제가 그렇게 간절히 원하던 무대에 올랐고, 원 없이 노래했기 때문에 후회도 없어요.

벌써 《슈퍼스타K》시즌3이 다가오고 있어요. 지난 무대를 겪은 선배로서, 시즌3 지원자에게 도움이 될 만한 이야기를 해주신다면?

사람들 앞에서 자신의 모든 것을 꺼낼 수 있는 용기가 필요해요. 그런 각오가 없다면 상처를 받을지도 몰라요. 하지만 정말 음악이 간절하다면 후회 없는 선택이 될 거라 믿어요. 좋은 가수들이 많이 나왔으면 합니다. 열심히 하세요.

오디션 3대 법칙

오디션은 당신을 뽑기 위해 존재하지 않는다. 시험을 잘 보려면 출제자의 의도를 파악할 수 있어야 한다. 심사자들은 탈락시킬 사람을 먼저 찾고 나서 통과시킬 사람을 찾는다. 오디션을 왜 개최하고 어떤 지원자를 원하는지 알아두자. 실력이 비슷하더라도 오디션을 통과하느냐 못 하느냐의 차이가 여기에 있다.

심사장에서 심사위원의 독설을 경험하고 탈락한 이들이 평가장을 떠나며 심사위원에게 서운함을 드러내는 경우가 종종 있다. 심사위원은 기본적으로 지원자들을 배려하지 않는 게 원칙이다. 무엇보다 그럴 만한 시간적 여유가 없다. 온정을 기대한 참가자가 있다면 이는 자신의 신분을 망각한 결과다.

《슈퍼스타K》심사위원 이승철은 "당신에게 2억(1등 상금)을 주기에는 아깝다"는 말을 심사 과정에서 자주 했다. 모두가 인정할 만한 실력자를 통과시키겠다는 결연한 다짐의 다른 표현이다. 심사위원은 그들 입장에서 치열한 경쟁을 유도하는 냉엄한 책임을 수행한다. 편견과 주관이 개입돼 공정성에 흠집을 내 오디션 전체에 내상을 입히는 걸 두려워한다.

이는 오디션의 전체 맥락을 좌지우지하는 중요한 대목이다. 심사위원의 입장을 한 번 생각한다면 지원자는 무기 하나를 더 얻게 될 것이다. 불합격을 합격으로 만들지는 못하지만 가진 실력 이상의 결과를 만들 수 있다.

1. 상대평가

오디션은 상대방을 쓰러트려야 하는 검투사 경기다. 최후의 승자가 되기 위해서는 매 경기마다 경쟁자를 물리치고 생존해야 한다. 잔인하고 가혹한 설정이지만 경기장에 들어선 것은 지원자 자신이기에 누구를 원망할 수 없다.

무엇보다 중요한 것은 '상대평가'라는 오디션 프로그램의 근간을 잊어서는 안 된다는 점이다. 심사위원에게 고득점을 얻으면 다음 무대를 꿈꿀 수는 있다. 하지만 이를 100% 보장할 수 없다. 99점을 얻었어도 100점을 얻은 이에게 지는 것이 오디션이다.

물론 상대평가라고 해서 원칙이 없는 것은 아니다. 심사위원들은 지원자의 재능과 성향을 분석해 안배했다. 보컬리스트·댄스퍼포머·싱어송라이터·기타리스트 등으로 분류해서 본선에 설 인원을 배정했다. 비슷한 성향이면 비교우위에 선 이를 본선에 올렸다. 만약 이 살벌한 경쟁에 뛰어든 지원자라면 오디션은 무수한 지원자 가운데 비교우위를 가리는, 즉 상대평가에 기반한 평가한다는 사실을 잊지 말라.

운전면허 필기시험처럼 70점 이상이면 통과하는 절대 기준이 아니다. 관문을 통과할 때마다 줄어드는 생존자 명단에 자신의 이름을 남기는 것이 중요하다. 이 것이 오디션을 지배하는 게임의 룰이다. 최후에는 2명이 남는다. 상대방을 넘어서라! 최후의 승자는 언제나 1명이다.

2. 대중평가

오디션은 붙여주기보다는 오히려 떨어뜨리기 위해 열리는 듯 보인다. 그래서 오디션 서바이벌의 세계는 냉정한 정글에 비유되기도 한다. 사방이 위험요소로 가득하고 믿을 것은 오로지 자신뿐이다.

지원자의 생명 연장 여부는 평가 방식에 좌우된다. 이 조건을 만드는 것은 오디션의 주최자다. TV프로그램의 경우 제작진이다. 싸움의 얼개를 만들고 박진감이 넘치는 싸움터를 설계하는 것이 이들의 몫이다. 이는 오디션의 원초적인 본성이다.

제작진은 게임의 룰을 만들고 생존자를 결정하는 절대자였다. 그러나 최근에는 권력을 시청자나 네티즌으로 표현되는 불특정 다수가 쥐었다. 이들은 문자메시지 투표와 인터넷 투표 등을 통해 권력을 행사한다. 심사위원에 의해 선발되는 과거 가요제의 일방향적인 선발 과정에 대중들이 지루함을 느꼈던 점이 이러한 변화를 가져왔다.

다수에 의한 평가는 결과에 대한 관심을 촉발시켰다. 다수의 결정이라는 무게감은 결정에 힘을 더했다. 현실의 어려움을 딛고 괄목할 만한 실력을 보이는 지원자는 대중의 스타로 발돋움할 기회를 얻는다.

그리고 지원자는 보다 가혹한 평가의 과정을 접한다. 이를 뒤집어보면 대중이 좋아할 만한 이가 오디션에서 최종 승리한다는 결론에 도달한다. 강렬한 인상을 던져야 하고 대중을 사로잡을 카리스마를 기본으로 갖춰야 한다. 따라서 지원자는 실력을 갖추고 대중에게 각인될 만한 스타성을 보여줘야 한다는 부담을 떠안게 된다.

지원자가 유념할 점은 스타로 만들어주는 것은 불특정 다수의 대중이라는 사실이다.

3. 상업평가

경쟁의 과정이 치열하다 보니 주최측이 오디션을 여는 목적에 주의를 기울이지 못 할 때가 있다. 모든 평가 과정이 상업적인 기준에서 이뤄진다는 것을 주의하자.

오디션 프로그램은 일반인 지망생을 모아 각종 관문을 통과해 프로패셔널한 가수를 선발하는 과정을 보여준다. 프로를 뽑는 자리라는 건 오디션의 중요한 존재 이유다.

이는 심사위원의 말을 통해 확인된다. 이승철이 "소스가 좋다"고 하는 것도, 윤종신이 "희소성을 보겠다"고 공언하는 것은 이유가 있다. 시장에 내놓았을 때 상품성이 있는 지원자를 찾겠다는 얘기다. 다시 말해 오디션은 대중에게 통할 지원자를 고르는 과정으로, 음악성뿐만 아니라 대중성을 담보해야 한다는 이야기다.

여기에 오디션은 TV를 통해 모든 과정이 중계된다. 시청등급에 따라 방송에 부적합한 지원자나 내용은 과정에서 아예 배제된다. 또한 TV 방송 무대를 소화하지 못하는 지원자는 실력과 가능성이 충분해도 끝까지 생존하는 데 한계가 있다. 성장 가능성을 보였지만 긴장을 견디는 데 취약했던 현승희 대신 경쟁을 즐기는 담력을 보여준 강승윤이 《슈퍼스타K》 시즌2 생방송 무대에 오른 대목이 시사하는 바다. 상업 무대의 대표적인 TV에 부적응하거나 부적합한 이들을 미리 걸러내는 것은 오디션의 또 다른 기능이다.

0.0005%의 확률. 그야말로 기적의 수치다.

노래 하나에 목숨을 걸며 기적을 부르짖던 200만 지원자 가운데 본선 진출자는 고작 10명 내외. 이들이 최종 승자가 되기 위해 마지막 사투를 벌인다. 본선 무대는 지금까지 진행된 예선과는 성격이 다르다. 우선 평가 과정부터 보자. 심사위원 평가에 좌우되던 지원자의 운명에 변화가 생긴다. 시청자의 입김이 작용하기 시작한다.

《슈퍼스타K》 시즌2는 심사위원 점수(30%)와 사전 인터넷 투표(10%)를 평가에 반영했다. 승부에 향배를 가른 시청자 모바일 투표의 비중은 60%로 정했다. 《위대한 탄생》은 이 비중이 더욱 높아 시청자 모바일 투표의 비중이 70%에 달한다. 손진영이 3차례나 심사위원 최하점을 기록하고도 톱4 무대에까지 탈락하지 않은 이유가 여기에 있다.

시청자의 뜻은 본선 무대에서 절대적이다. 매주 탈락자를 고르고, 결국 최종 우승자까지 결정한다. 시청자의 눈 밖에 났다가는 냉혹한 결과를 피할 수 없다. 반대로 지지하는 참가자의 탈락을 막기 위해 수호천사를 자처하는 시청자도 많다.

이렇게 몰려든 문자 투표수가 《슈퍼스타K》 시즌2 파이널 무대에서 140만 콜을 기록했다. 《위대한 탄생》은 본선 첫 무대에서 170만 콜을 넘겼다. 유료라는 점을 감안하면 엄청난 참여율이다. 단순히 참가자를 평가하기 위해 이렇게 많은 시청자가 참여하는 것으로 보이

지 않는다. 지원자의 미션 수행을 지켜보며 시청자는 자신의 일인 양 공감한다. 미션마다 한 배를 탄 공동 운명체가 되길 결심하기에 이른다. 이는 결국 온 국민이 함께 즐기는 놀이 문화의 형태로 진화하기에 이른다.

그래서 본선 진출자의 마음가짐은 달라져야 한다. 예선에서는 다음 단계에 진출하는 것이 관건이었다. 노래를 해석하고 부르는 개인의 능력이 주된 평가 요소였다. 지원자의 캐릭터가 반영되기에는 과정 자체가 팍팍했다. 하지만 본선은 다르다. 이제부터는 기본기를 갖춘 사람들끼리의 대결이다. 실력과 함께 스타성이 시험대에 오른다. 합숙 생활에서 드러나는 개성은 시청자의 또 다른 평가 요소다. 심사위원 점수에서 약세를 보여도 문자 투표에서 이를 만회해 생존하는 지원자는 그래서 존재한다.

무엇보다 한 명의 가수로 성장해가는 지원자의 모습이 본선을 통해 생중계된다. 아마추어였던 지원자가 프로 가수와 다를 바 없는 의상을 입고 장비를 갖춘 무대에서 실력을 겨루는 과정에서 시청자들은 대리만족을 느낀다. 한편으로 이는 무대의 모든 것을 평가하는 과정이다.

오디션 프로그램 본연의 긴박감은 그대로다. 매주 탈락자를 골라내어 우승 후보를 압축한다. 변수로 작용할 무대 순서를 두고, 크고 작은 미션이 들이닥친다. 순간적인 판단과 꾸준한 자기관리가 지원자가 갖춰야 할 새로운 덕목으로 추가된다.

꿈을 향한 지원자의 화려한 쇼가 시작된다. 팬으로 가득한 객석을 앞에 두고 노래를 시작하는 것 자체가 지원자에게는 큰 도전이다. 무엇을 보여주고 어떻게 평가받을 것인가? 두려워하기보다 그 순간을 즐기라고 선배들은 충고한다.

4주에
결정된다

주저할 틈이 없다. 망설일 필요도 없다. 의심할 여지도 없다. 당신은 살인적인 긴장을 이겨냈다. 가학적인 포맷도 당신을 무너뜨리지 못했다. 숱한 경쟁자를 매 순간마다 따돌렸다. 비교 우위의 동급 최강으로 거듭났다. 당신은 본선 무대를 빛낼 것이고, 예비 스타로 자리매김할 것이다.

차원이 다른 시간이 이제 당신을 기다리고 있다. 합숙이 시작되고 매주 새로운 미션이 함께한다. 슈퍼스타로 한발 다가서며 대우도 달라진다. 1개월간 전문 트레이닝을 제공받으며 자신의 잠재력과 마주 선다. 심사위원의 판단뿐만 아니라 시청자의 문자 투표가 다가올 당신의 운명을 결정한다.

아마도 당신은 새 학기를 준비하는 신입생의 마음일 것이다. 4주간의 '방학'은 당신이 무엇을 준비해야 하는지 숙제를 내준다. 약점은 보완하고 강점은 강화해야 하는 건 이제 기본이다. 오디션이 주는 긴장을 즐길 여유를 얻는다면 당신은 유력한 우승 후보가 될 것이다. 합숙 생활에 적응하고 자신의 매력을 드러내는 것도 필수다.

4주는 지난 그리고 앞으로 어떤 과정과도 달리 특별하다. 평가는 없지만 경쟁은 있다. 승패는 없지만 전략은 있다. 노래 이외의 무엇인가를 준비해야 하는 시간이다. 본선 무대가 목표였다면 마음을 다잡아야 한다. 우승을 꿈꾼다면 4주를 소홀히 할 수 없다.

4주간 일정을 지배하는 키워드는 단연 '자기관리'다. 달라지는 주변 환경에 적응하고 주변의 경쟁자와 화합하며 스태프와 결과물을 만들어가는 과정을 평가받는다. 이를 위해서는 '자기관리'가 필수다. 이는 심사위원이 강조하는 프로가 되기 위한 조건이기도 하다.

'4주'를 위한 준비를 시작하자.

합숙 들어가기 전 준비할 점

숨 가쁘게 달린 예선을 최종적으로 통과했다면 개인에게 본선을 준비할 시간이 주어진다. 바로 신변을 정리하는 휴가 기간이다. 학생 지원자는 휴학을 신청하고 직장인이라면 휴가를 내고 본선 무대를 위해 신변을 정리한다.

짧게는 1주 길게는 2주가 고작이다. 1분도 안 되는 분량으로 방송에는 스치듯 등장한다. 그럼에도 지원자들에게는 잊지 못할 순간이다. 가족의 응원과 주변의 격려로 달콤함을 맛보는 시기다. 우승에 다가가고 있다는 생각에 꿈은 부풀기 시작한다.

성취감에 들뜬 마음부터 다잡으라고 선배들은 조언한다. 야무진 계획으로 결전을 준비하라고 충고한다. 하루를 쉬면 자신이 알고, 이틀을 쉬면 상대방이 알고, 사흘을 쉬면 모든 이가 알게 된다는 말은 괜한 격언이 아니다. 연습과 휴식을 적절히 안배해야 마지막에 웃을 수 있다. 상대는 이미 최종 예선을 통과한 실력파라는 점을 명심해라.

♛ 휴식은 달콤하게

예선을 통과하기 위해 참가자들은 자신의 모든 것을 쏟아 붓는다. 마지막 하나까지 쥐어짜고는 녹초가 된다. 본선에 진출한 이들이 경험한 피로감은 표현하기 어려울 정도다. '슈퍼위크'나 위대한 캠프가 열린 2박 3일 동안 참가자의 평균 수면시간은 2시간이 채 안 된다. 《슈퍼스타K》 시즌2의 우승자 허각은 '슈퍼위크'를 마치고 "하루 24시간 잠만 잤다"

고 할 정도다.

　휴식은 본선 진출자에게 꼭 필요한 사항이다. 온몸을 억누르던 긴장을 풀어주는 것이 중요하다. 의욕이 앞서 연습에 과욕을 부리다가 막상 본 게임이 시작되는 본선에서 제 힘을 발휘하지 못하면 낭패다.

　이 기간은 미리 체력을 비축할 수 있는 유일한 시간이다. 하루만이라도 온전히 휴식에 투자하는 것이 길게 봐서는 득이 될 것이다. 지원자들은 이미 예선에서 미션마다 체력 소비가 엄청나다는 것을 몸으로 느꼈다. 극한의 상황으로 치달을수록 집중력은 흐트러지고 다급한 마음에 악수를 두게 된다.

　휴식에 정답은 없다. 평소 즐기던 보양식이나 영양제를 섭취하는 것도 추천한다. 하지만 무엇보다 자신만의 방식이 중요하다. 몸과 마음을 단기간에 재충전할 수 있어야 한다.

♛ 마음은 단단하게

체력을 회복했다면 마음을 다잡자. 긴장의 끈을 놓지 말아야 한다. 합숙은 긴장의 연속이다. 매 순간마다 평가가 진행되고 매 회마다 희비가 엇갈린다. 단단히 마음을 붙잡지 않으면 초반에 쉽게 무너질 수 있다.

　예상 밖으로 미션 수행보다 합숙 적응이 더 어려웠다는

지원자가 꽤 많았다. 휴대전화와 인터넷 사용이 금지되고 모든 행동을 통제받는다. 돌발 상황에 순발력 있게 대처하는 요령도 필요하다.

《슈퍼스타K》시즌1, 2를 보며 합숙에서 벌어질 수 있는 갖가지 상황을 머릿속에 넣어두자. 방 배정과 생활수칙 그리고 합숙 생활 전반에 대해 마음의 준비를 해야 한다. 자신의 캐릭터를 형성하기 위해 어떤 부분을 부각시킬지 고민하기 시작해야 할 때다.

윤종신은《아메리칸 아이돌》출신인 존박에게 "오디션 경험자라 완급조절을 하는 것 같다"고 평했다. 존박의 미션 분석 능력과 적응력은 놀라울 정도였다. 오디션에 있어서 그는 경험자였고 전문가였다. 경험을 통해 어떤 상황에서도 일희일비하지 않았다. 고르게 호흡하고 의연함을 잃지 않았다.

안타깝게도 모든 지원자가 존박일 수는 없다. 대신 상황마다 자신이 어떤 선택을 할지 시뮬레이션을 통해 익숙해지는 과정을 반복할 수는 있다. 여기에 '슈퍼위크' 때 눈여겨봤던 경쟁자를 떠올리며 자신의 장단점을 구별한다면 본선에 큰 도움이 될 것이다.

♕ 준비는 철저하게

몸과 마음을 다졌다면 본격적인 본선 준비에 돌입하자. 가장 중요한 것은 컨디션 관리다. 본선까지 최상의 몸 상태를 만들어낸다면 실력 발휘에도 유리하다.

　합숙 기간 내내 체중관리를 집중적으로 받는 것을 감안하면 합숙에 돌입하기 전부터 가벼운 운동은 필수다. 본선 진출자 대부분이 무리한 운동으로 합숙 초반 고생을 한다. 갑작스런 운동으로 시즌1 정선국은 병원 신세를 지기도 했다. 식단관리를 하면 좋겠지만 그보다 몸을 가볍게 하고 운동에 익숙하도록 만들 필요가 있다. 유산소 운동을 위주로 폐활량을 키워놓는다면 댄스퍼포머의 경우 호흡에도 도움이 될 것이다.

　흡연자라면 합숙을 앞두고 담배를 줄이는 것도 중요한 준비 과정이다. 합숙 기간 내 흡연은 철저히 금지된다. 흡연자는 미션뿐만 아니라 금단 현상과도 싸워야 한다. 시즌2 김지수가 괴로웠던 대목이다. 금단 현상에 시달렸던 그는 체중감량을 위한 운동도 병행해야 했다. 극심한 피로감으로 합숙 내내 힘겹게 자신과의 싸움을 벌였다. 흡연자라면 이 같은 문제를 미리 대비해야 한다.

　미션을 위한 음악적 준비도 필요하다. 역대 시즌을 주의 깊게 모니터하고 반드시 출제되는 미션의 유형을 확인한다. 리메이크 미션과 월드스타 미션(아바ABBA · 마이클 잭슨Michael Jackson) 그리고 심사위원의 명곡을 부

르는 미션 등은 《슈퍼스타K》 시즌1, 2와 《위대한 탄생》에서 모두 등장했다. 프로 무대에 세울 가수를 선발하는 과정이기에 앞으로도 이 유형은 큰 틀에서 벗어나지 않으리라 본다.

# 합숙에 들어가서

본선 무대는 합숙으로 시작해 합숙으로 끝난다. 아마추어인 지원자들을 생방송에 올리기 위해 훈련시키고 이와 더불어 냉정한 평가를 내리기 위한 수단이다.

♛ 인성도 평가된다

숙소 곳곳에는 24시간 돌아가는 카메라가 설치되어 있다. 어느 장소 어느 시간에 찍힌 장면이 시청자들에게 보여질지 알 수 없다. 리얼리티 예능 프로그램에 출연했다고 가정하는 편이 이해가 빠를 것이다. 제한된 공간에 머물며 생활하는 모습이 고스란히 담긴다. 함께 지내는 경쟁자들과의 관계나 사생활이 노출될 수 있다. 노래 외 지원자 인간 본연의 모습을 보인다는 점을 잊지 말자.

♔ 프로로 진화하라

합숙은 프로 가수로 진화하는 과정을 보여주는 기간이기도 하다. 운동으로 몸매를 다듬거나 체중 조절도 한다. 노래만 부르던 지원자들에게 가벼운 안무도 연습하게 한다. 각종 미용으로 무대 조명 아래서 빛나 보일 준비를 시작한다. 옷도 패션 디렉터가 체형과 콘셉트에 맞게 고른다. 자신이 얼마나 빨리 아마추어의 모습을 벗어버리는지 보여라.

♔ 적극성을 보여라

적극성을 띤 일부 지원자들이 갑자기 존재감을 나타내는 시기도 이때다. 반대로 적응력이 미진한 일부 지원자가 도태하는 시기이기도 하다. 시즌2에서 톱8에 들지 못한 이들이 모두 소극적이었던 여성 지원자라는 점에 주목하자. 성패는 초반 적응력에 달렸다. 적극적으로 자신을 어필하는 지원자가 살아남는다.

잊지 말아야 할 것은 주저할 시간이 없다는 사실이다. '내일부터'라든가 '다음에는' 같은 공허한 구호는 숙소 생활에 걸맞지 않는다. 매 순간을 즐기고 적극성을 보이는 것이 생명 연장의 첩경이다.

필살기를 꺼내라

《슈퍼스타K》의 김용범 CP는 시즌3을 앞두고 미션 구성을 대대적으로 수정했다. 밴드와 그룹이 상대적으로 분리했던 경쟁 구도를 손보겠다는 의지다. 제작진은 이를 두고 오랜 기간 고심을 거듭했다.

하지만 지원자가 이를 걱정할 이유는 없다. 하늘 아래 새 것이 없듯이 음악을 기반으로 한 오디션 프로그램에서 난데없이 하늘에서 뚝 떨어진 미션이 등장하기란 불가능에 가깝다. 구성의 변화가 있을지언정 미션의 본질은 쉽게 바뀌기 어렵다.

그런 의미에서 국내 가요와 해외 팝송의 리메이크 미션은 제작진으로선 외면할 수 없는 것이다. 심사위원을 비롯해 지원자의 롤모델이 될 수 있는 대선배를 재해석하는 것은 필수 과정으로 통한다. 시청자의 참여

를 근간으로 하기 때문에 네티즌 추천곡을 부르는 미션은《슈퍼스타K》
와《위대한 탄생》에 모두 등장했다.

또한 신인 작곡가의 멜로디에 가사를 붙이는 작사 미션과 뮤지컬의
한 대목을 재현하는 표현력 미션도 고전으로 통한다. 외국인이 모인 장
소에서 팝송으로 공연을 벌이고 인기투표를 벌이는 것도《슈퍼스타K》
시즌1, 2는 거르지 않았다.

혹시 가창력을 가늠할 수 있는 측정기나 스타성을 예측하는 탐지기가
발명된다면 모를까, 언급된 미션은 다음 시즌에도 등장할 가능성이 높
다. 세부 규정이 바뀔지 모르지만 기본 틀은 유지될 확률이 높다.

그렇다고 필수 미션의 모범답안이 될 노래를 달달 외울 필요는 없다.
이승철은 심사 도중 "음악은 음학이 아니다"고 조언했다. 음악은 기본
적으로 암기 과목이 아니다. 공식을 외워서 대입하거나 원리와 법칙을
발견하는 것과도 거리가 멀다. 미세한 감정의 흐름을 읽고 자신의 것으
로 만들어 표현하는 능력이 필요하다. 때문에 미션의 흐름을 짚고 출제
의도를 파악하는 것이 먼저다.

기성 가수의 기교나 창법 그리고 느낌을 흉내 내는 것은 의미가 없다.
심사위원이 이보다 싫어하는 것도 드물다. 기성 가수의 느낌이 나는 원
숙함이 환영받지 못하는 유일한 곳이 바로 오디션 현장이다.

새로움을 추구하는 오디션 프로그램 심사위원의 취향은

Audition

집착과도 같다. 독창성과 창의성 그리고 희소성을 지원자 최고의 덕목으로 삼는다. 오디션 프로그램에서 '미션'의 의미는 새롭게 쓰여야 한다. 단순히 평가의 일부가 아니다. 통과에 목적을 둬서도 곤란하다. 무대 자체가 하나의 과정이자 결과물이다. 완성도를 갖춰야 한다. 연속성을 지니기도 한다. 자신의 느낌을 최대한 끌어내어 기존 노래를 새롭게 완성하는 과정이다. 오묘하고 신비로운 미션의 세계로 빠져보자.

필수 미션

오디션 프로그램에 약속이나 한 듯 등장하는 미션이 있다. 명곡을 재해석하는 리메이크 미션이 그렇다. 이는 오디션 프로그램에서 대입을 위해 피할 수 없는 국·영·수 같은 주요과목이자 졸업을 위해 통과해야 하는 전공필수와 같다.

오디션 프로그램마다 비슷한 미션이 등장하는 데는 이유가 있다. 흥미도 중요하지만 미션을 통해 가수가 지녀야 하는 기본 소양을 평가해야 하기 때문이다. 가창력과 스타성 그리고 곡 해석력을 일단 따져야 한다.

여기에 시청자 문자 투표가 평가에서 높은 비중을 차지한다. 시청자의 참여가 승패를 판가름한다. 때문에 방송국에서는 평가 기준을 단순하고 명료하게 제시한다. 어렵거나 복잡할수록 참여율이 떨어지기 때문이다.

이는 내용 구성도 마찬가지다. 국민 대부분이 아는 노래로 진행해야 한다. 평가를 받는 이도 하는 이도 그래야 공정하다고 생각한다. '레전드' 급 국내외 가수의 히트곡을 미션으로 지정하는 것은 이 때문이다. 아예 네티즌이 지원자에게 어울릴 법한 노래를 추천하는 미션도 생길 정도다.

오디션 프로그램에 등장하는 미션의 포맷은 이제 더 이상 새로울 것이 없다. 노래는 어디서 한번쯤 들어봤던 것들이고 평가 방식도 들어봤을 법한 것이다. 제작진으로서는 오디션 본연의 특성을 지키기 위해 고수할 수밖에 없는 선택이다.

아이러니하게도 오디션 프로그램의 난해함은 이 지점에서 발생한다. 형식이 식상할 정도로 익숙해지면 그 안에 담기는 내용은 어쩔 수 없이 참신함을 강요받는다. 평가하는 시청자의 눈이 높아지고 심사위원의 기준도 까다로워지기 마련이다. 해마다 지원자들이 뻔한 미션에 참가하면서도 두통을 호소하는 이유다. 알다가도 모를 필수 미션의 가깝고도 먼 접근 방식을 살펴보자.

♔ 리메이크를 잡아라

리메이크는 오디션 프로그램의 기본 미션이다. 아마추어 지원자의 실력을 가늠하기 위한, 어쩌면 피할 수 없는 미션이기도 하다. 일단, 이들을 평가할 만한 이들만의 노래가 없다. 물론 자작곡을 예선에 들고 나온 지원자도 있다. 하지만 이를 가지고 다른 지원자와 비교해서 평가하기는 제한적이다. 공정한 경쟁을 위해 널리 알려진 노래를 재해석하는 과정을 도입할 수밖에 없다.

사실 예선 과정부터 리메이크에 대한 평가는 시작된다. 다만 대놓고 이를 리메이크라고 하지 않을 뿐이다. 지원자 대부분은 기성 가수의 노래를 자기식으로 부른다. 소극적인 리메이크다. 만약 원곡을 모창하듯 부른 지원자라면 본선 진출은 어려웠을 것이다. 지원자는 기존 노래를 해체해 자신만의 느낌으로 조립하는 과정을 예선에서 체득했다.

물론 본선 무대에서 벌이는 리메이크는 예선과 차원이 다르다. 전문 작곡가가 이들의 편곡에 개입한다. 의상을 갖추고 분장을 마친다. 조명과 효과 등이 준비된 무대에 오른다는 점도 예선과 다르다. 무대 전체를 종합해 평가받는 과정이다. 앞선 예선과 달리 적극적인 리메이크 과정이다.

시즌1, 2 리메이크 미션에서 불린 노래를 살펴보면 뚜렷한 특징을 잡을 수 없다. 발표연도와 장르 그리고 가수가 다양하다. 발표된 지 오래된

★ 《슈퍼스타K》 시즌1 시대별 명곡 리메이크 미션 곡 ★

가수	노래	가수	노래
장혜진	마주치지 말자	김완선	삐에로는 우릴 보고 웃지
조관우	늪	배인숙	누구라도 그러하듯이
패닉	달팽이	비	아이 두
강수지	보라빛 향기	김건모	아름다운 이별
조용필	단발머리	타샤니	경고

★ 《슈퍼스타K》 시즌2 시대별 명곡 리메이크 미션 곡 ★

가수	노래	가수	노래
한동준	너를 사랑해	최희준	하숙생
SG워너비	타임리스	최호섭	세월이 가면
이승기	내 여자라니까	이지연	바람아 멈추어다오
에코	행복한 나를	이효리	10미니츠
심수봉	사랑밖엔 난 몰라	한명숙	노란 샤쓰의 사나이
남진	님과 함께		

노래라서 유리한 것도 반대의 경우라서 불리한 것도 없다.

《슈퍼스타K》 심사위원은 시즌2 미션에 앞서 기준을 공개했다. 이승철은 짧은 기간 안에 준비하는 적응력과 순발력을 보겠다고 했다. 윤종신은 리메이크하는 노래가 대부분 명곡이니 잘못 불렀다가는 가혹한 점수가 갈 것이라고 경고했다. 신중하면서도 개성을 드러낼 것을 주문했다. 실제로 이승철과 윤종신의 기준은 평가에 그대로 적용됐다.

이승철은 선곡과 소화력을 중점적으로 평가했다. 창법과 스타일도 눈여겨봤다. 〈행복한 나를〉을 부른 허각에게 기대가 컸는지 혹평을 가했다. "음색이 딱 하나"라며 "감탄은 주지만 감동은 주지 못한다"고 최저 점수를 줬다.

윤종신은 역시나 개성을 중시했다. 박자에 맞춰 부르기보다 앞뒤로 당겨 부르길 충고했고, 기대를 뛰어넘는 예상 밖의 무언가를 보여주길 요구했다. 원숙한 느낌은 징그럽다고 했고, 충만한 에너지를 요구했다.

허각, 김지수 등은 서바이벌로 진행하는 음악 프로그램을 참고할 것을 조언했다. 《우리들의 일빔 ─ 서바이벌 나는 가수다》의 경우 편곡의 묘미가 프로그램 전면에 고스란히 드러난다. 가수의 재해석 여하에 따라 노래가 재조명 받는다. 리메이크를 준비하는 사람이라면 꼭 참고해야 할 프로그램이다.

김지수는 또한 《나는 가수다》를 비롯해 서바이벌 프로그램에 등장하는 출연 가수를 모방해서는 곤란하다고 했다. 참고할 것은 편곡 방식이나 재해석 방향이지, 창법이나 기교가 아니라는 점을 분명히 했다.

박보람은 자신처럼 어린 지원자에게 설령 태어나기 전에 발표한 노래를 마주하더라도 당황하지 말 것을 주문했다. 오히려 백지 같은 상태에서 노래를 새롭게 표현할 수 있다고 했다. 약점이 오히려 장점이 될 수 있다는 얘기다.

♔ 레전드를 잡아라

오디션 프로그램은 프로 무대에 내보낼 새얼굴을 찾는 자리다. 그래서인지 대선배에 예우를 갖추는 무대를 만드는 데 공을 들인다.

레전드 급 가수의 등장은 여러모로 의미를 가진다. 대선배의 공로를 인정하며 신예가 뒤를 이어주기 바란다는 메시지를 전한다. 프로그램은 이들의 등장으로 단순히 신인 가수를 찾는 자리에서 위치가 격상된다. 대표급 인사가 공신력을 실어주면서 가요계 전체를 대표하는 프로그램이 된다. 레전드가 신예를 찾아나서는 것 같은 착시현상을 일으킨다.

레전드 급 가수의 노래는 전 국민이 듣고 불렀다. 시청자 문자 투표에도 전 세대가 참여할 수 있다. 장르의 폭이 넓고 노래 분위기도 다양하다. 지원자가 선택할 폭이 넓어지면서 경쟁의 공정성도 높아진다.

따라서 레전드 급의 가수를 재해석하는 미션은 본선에서 빠질 수 없다. 매 시즌마다 단골로 등장할 가능성이 높다. 《슈퍼스타K》는 시즌1에서 이승철을, 시즌2에서 이문세를 레전드로 꼽았다. 《위대한 탄생》은 조용필의 노래를 지원자들이 재해석했다. 두 프로그램 모두 심사위원의 노래를 부르는 미션을 공통으로 진행했다.

지원자는 어떤 점에 유념해야 할까? 시즌2 심사위원으로 나선 이문세는, 노래에서 자신의 느낌을 최대한 지워줄 것을 주문했다. 새로운 분위기로 새롭게 재해석할 것을 당부한 것이다. 이는 기존 분위기를 답습하거나 모창 수준으로 불러선 낭패를 볼 수 있다는 일종의 경고이다.

전 국민이 다 아는 노래를 새롭게 들리게 하라는 주문은 사실 아마추어가 소화하기 어려운 미션이다. 그렇지만 다음 시즌 본선에서도 이 같은 미션은 또 등장할 것이다. 무엇을 어떻게 준비해야 할까?

우선 앞선 미션에 비해 선곡의 중요성이 더 커졌다. 한 번의 무대로 탈락자가 결정되는 본선 무대의 특성상 자신의 음색에 맞는 노래를 고르는 것은 탈락을 피하는 첫째 조건이다. 이 과정에서는 원곡자, 즉 레전드의 의견을 최대한 존중할 필요가 있다.

존박은 이문세의 조언을 받아들여 생방송 2일 전에 〈가로수 그늘 아래 서면〉에서 〈빗속에서〉로 미션 곡을 바꿨다. 장재인도 마찬가지. 그는 존박을 대신해 〈가로수 그늘 아래 서면〉을 불렀다. 두 사람은 결국 모두 성공적으로 무대를 마치고 다음 단계로 넘어갔다. 원곡자가 노래를 가장 잘 알기 때문에 지원자의 생존 확률 역시 높여줄 수 있다.

또 하나, 심사위원의 노래는 무조건 준비해야 한다. 《슈퍼스타K》에 지원한다면 이승철과 윤종신의 대표곡은 꿰고 있어야 한다. 《위대한 탄생》 지원자라면 심사위원은 물론 프로그램의 이름을 짓는 데 단초를 제공한 조용필의 히트곡은 확인해야 한다. 방송사 특성상 《대학가요제》와 《강변가요제》 미션도 단골로 등장할 가능성이 높다.

변수도 감안해야 한다. 《슈퍼스타K》는 시즌1, 2에서 유사성이 발견된다. 1990년대부터 활동한 남자 레전드의 노래를 미션 곡으로 정했다. 이제 변화를 꾀할 것으로 보인다. 레전드의 성별을 여성으로 바꾸거나 활동 연대를 과거로 더 거슬러 올린다는 예상이 나오고 있다. 준비생 사이에서는 이선희, 심수봉 등이 거론되고 있다. 아예 이미자, 패티김 등 연배가 더 높아질 것이라는 추측도 나온다.

분명한 것은 레전드 미션으로 어느 가수가 지정되느냐는 중요한 문제가 아니란 점이다. 그들의 모창대회가 아니기 때문이다. 따라서 원곡자의 특성이나 원곡의 느낌을 재현하는 것은 의미가 없다. 자기 색깔을 내는 것에 중점을 두고 준비해야만 한다. 김지수와 장재인이 비슷한 듯 다르게 자신의 색깔을 꾸준하게 변주해나간 점을 참고하자.

시즌1 이승철 미션
희야 소녀시대 안녕이라고 말하지마 오직 너뿐인 나를

시즌2 이문세 미션
그녀의 웃음소리뿐 이별이야기 솔로예찬
사랑이 지나가면 조조할인 알 수 없는 인생
가로수 그늘 아래 서면 빗속에서

시즌2 심사위원 대표곡 미션
이승철: 안녕이라고 말하지마
엄정화: 초대
이승철: 잠도 오지 않는 밤에
윤종신: 본능적으로

위대한 탄생 조용필 미션
미지의 세계 바람의 노래 이젠 그랬으면 좋겠네
단발머리 꿈 여행을 떠나요

위대한 탄생 가요제 미션
연극이 끝난 후 첫 눈이 온다구요 슬픈 그림 같은 사랑
그때 그 사람 J에게

슈퍼스타가 되라

♔ 월드스타를 잡아라

해외 팝스타의 히트곡을 재해석하는 것도 오디션 프로그램의 빼놓을 수 없는 단골 미션이 됐다. 《슈퍼스타K》는 시즌1에서 아바의 대표곡을 미션 곡으로 지정했고 시즌2에서는 '팝의 황제' 마이클 잭슨을 재해석하도록 주문했다. 《위대한 탄생》은 DJ김기덕이 선정한 한국인이 좋아하는 팝송 100곡에서 미션 곡을 선택하도록 했다.

제작진이 팝송을 평가 대상에 올리는 이유는 대중성과 공정성 때문이다. 근래 들어 팝 시장이 위축됐지만 1990년대까지 국내 가요계는 팝의 영향을 많이 받았다. 그 영향력은 현재도 유효하다. 또한 팝을 듣고 자란 세대에게 향수를 줄 수 있다. 세대 간의 공감대를 형성하기 위한 미션인 셈이다.

해외 지원자들과 외국인 지원자들의 오디션 프로그램 지원이 늘어나고 있어 이들에 대한 배려 차원에서 등장하기도 한다. 국내 가요에 익숙하지 않은 해외 지원자나 외국인 지원자들은 팝송 미션에서 이를 만회할 기회로 삼기도 한다.

모창 금지는 국내 레전드 미션과 마찬가지다. 팝송도 자신의 색깔로 표현하는 것이 미션의 성패를 가른다. 발음은 해외 지원자가 아니라면 큰 변별력은 없다. 심사위원은 대신 노래의 리듬과 음정에 더욱 주의를 보인다.

145

해외 팝스타 리메이크 미션에도 향후 변수는 있다. 역시 미션 대상의 성별을 여성으로 바꿀 확률이 높다. '팝의 황제' 마이클 잭슨의 자리를 '팝의 여왕' 마돈나가 채울 것이라는 예상도 한다. 그룹 지원자의 참여를 독려하고 있기 때문에 비틀즈·퀸 등의 노래를 미션 곡으로 차용할 것이라는 얘기도 있다.

대신 표현에 있어서 국내 레전드 미션에 비해 자유롭다. 해외 뮤지션이다 보니 활동 모습이 국내에 공개된 것은 제한적일 수 밖에 없다. 준비하기에 따라서 지원자가 보여주는 변화의 진폭이 크게 나타나도 거부 반응이 적다는 장점이 있다. 《슈퍼스타K》 시즌2의 장재인, 강승윤 등이 마이클 잭슨 미션에서 평소 사용하던 통기타를 내려두고 가벼운 댄스를 선보인 것은 참고할 예다.

시즌1
아바 대표곡 미션

허니허니 Honey, Honey 땡큐 포 더 뮤직 Thank you for the Music

김미 김미 김미 Gimme Gimme Gimme 맘마미아 Mama Mia

슈퍼 트루퍼 Super Trouper 워터루 Waterloo

예스 오 예스 Yes or No 더 위너 테이크 잇 올 The Winner Take It All

시즌2
마이클 잭슨 대표곡 미션

힐 더 월드 Heal the world 벤 Ben 블랙 오어 화이트 Black or White

맨 인 더 미러 Man in the Mirror 아일 비 데어 I will be there

더 웨이 유 메이크 미 필 The way you make me feel

시즌2
위대한 탄생 팝송 미션

쉬즈곤 She's Gone 돈트 스톱 미 나우 Don't Stop Me Now

배드케이스 오브 러빙 유 badcase of loving you 굿바이 Good bye

오픈 암스 open arms 돈 노 와이 don't know why 비트 잇 Beat It

캔 테이크 마이 아이즈 오프 유 Can't take my eyes off you

전 국민을 사로잡아라

시청자의 문자 투표는 오디션 프로그램의 히트 상품이다. 이는 그간 신인 가수를 발굴해온 가요제나 콘테스트와 차별화하는 계기가 됐다. 불특정 다수의 시청자를 오디션에 참여시켜 이들의 선택으로 승자를 결정하는 '대중 투표' 방식은 오디션 프로그램이 큰 화제가 되는 데 불씨를 당겼다. 최근에는 오디션뿐만 아니라 다른 방송 프로그램에서도 이를 도구로 활용하고 있다.

문자 투표 제도가 달갑지 않은 쪽은 역시 지원자. 눈앞에 소수의 심사위원을 상대하다가 다수의 보이지 않는 이의 마음을 사로잡아야 한다는 부담감에 시달리게 됐다.

똑같은 행동도 때와 장소에 따라 호감과 비호감으로 나뉘고, 같은 말을 해도 개그와 오버로 구분된다. 얌전하게 있으면 묻히고, 적극적으로 나서면 찍힌다. 열길 물속보다 알기 어려운 한길 사람의 마음을 얻기 위해 이들은 전전긍긍하며 발버둥 쳐야 한다.

그렇다고 시청자의 문자 투표가 가혹하기만 한 것은 아니다. 같은 편이라고 믿기 시작하면 이보다 강력하고 의지할 수 있는 우군도 또 없다. 무엇보다 절체절명의 탈락 위기에서 지원자를 구해내는 유일한 힘은 시청자에게서 나온다. 팬덤fandom을 자처하며 여론몰이 해줄 이들도 시청자다.

또한 이는 지원자가 받을 수 있는 아주 소중한 수업이다. 시청자의 반응을 살피며 자신의 스타성을 개발하거나 발견할 수 있다. 우승자가 되거나 비록 본선에서 탈락하더라도 이들의 응원과 격려는 프로 무대에 진출하는 발판이 되기 마련이다. 여느 신인 가수가 어디에서도 얻지 못할, 오디션 프로그램 출연자만의 든든한 배경이다.

노래 한 소절, 말 한마디, 표정 하나까지 시청자는 당신의 모든 것을 지켜본다. 언제 어느 순간에 당신의 편이 되기를 결심할지 모른다. 시즌 1, 2의 합숙 생활과 본선 과정을 통해 생존을 거듭한 지원자는 '내 편 만들기 전략'이라는 대형 거울 앞에 서게 된다. 그 안에 어떤 모습으로 자신을 드러내야 할지 지원자의 머릿속은 복잡할 수밖에 없다. 하지만 왜곡된 모습으로 투영될까, 혹은 과장된 모습으로 보일까 두려워할 필요

Audition

는 없다. 솔직하게 자신을 드러내기만 하면 누구든 지원자의 이야기에 귀를 기울이는 이들이 바로 시청자다.

전 국민을 상대로 여는 인기투표의 주인공이 되는 그 짜릿한 순간으로 떠나보자.

 스토리는 스펙을 이긴다

오디션 프로그램은 진흙에 덮인 진주를 찾는 과정이다. 또한 오리 틈에 있던 백조를 발견하는 여정이다. 고양이처럼 얌전하던 맹수새끼에게 야성을 일깨워주는 시간이다. 한 마디로 기회가 없고 계기를 못 찾은 이를 위한 자리다.

오디션 프로그램이 인생역전을 꿈꾸는 반전드라마로 불리는 이유다. 불리하고, 불편하고, 방황하고, 좌절했던 이들은 이를 계기로 희망의 싹을 틔운다. 가난에 눈물 흘리고 절망에 주저앉아야 했던 이들이 기회를 얻는다.

이들이 부르는 노래에는 깊은 울림이 있다. 노래에 투영된 개인사가 주는 진정성 때문이다. 따라서 오디션 프로그램은 유독 이야기에 집중한다. 노래가 그의 삶에서 얼마나 중요한지, 왜 노래를 부를 수밖에 없는

지를 끊임없이 보여준다.

　많은 이들이 오디션 프로그램에 대해 착각한다. 완벽한 조건을 갖춘 인물을 뽑는 것이라 생각한다. 빼어난 외모와 준수한 학벌 그리고 타고난 재능까지 무엇 하나 빠지지 않는 이른바 '엄친아'는 결혼정보회사 고객으로는 최고지만, 오디션 프로그램이 찾는 주인공과는 거리가 멀다.

　오히려 반대다. 나은 조건을 갖춘 엄친아들은 땀을 흘려도 왠지 간절해 보이지가 않고 진정성을 의심받기도 한다. 심사위원은 이번 기회가 아니면 안 되는 이들에게 기회를 주고 싶다고 거듭 강조한다.

여기에 본선 무대는 이들의 사연이 집대성되는 자리다. 결과적으로 각 사연의 주인공이 노래를 통해 한데 모인다. 강승윤이 방황을 접고 노래를 부를 수 있게 한 원천인 어머니가 응원한다. 헤어졌던 김지수의 부모는 각기 다른 자리에서 그를 바라보며 눈물을 흘린다. 허각은 우승과 함께 어릴 적 헤어진 어머니를 부른다.

가족의 해체로 고통 받던 이들이 노래를 통해 갈등을 해소하고 화합하는 모습이 그려진다. 이보다 강렬한 스토리의 완성이 또 어디에 있을까? 무엇보다 드라마 속 이야기가 아니고 현실에서 벌어지는 실제 상황이다.

스토리의 위력은 가공할 만하다. 스펙보다 강하다. 적어도 오디션 프로그램 안에서는 그렇다. 하지만 이것이 전부는 아니다. 오디션 프로그램의 현실은 따로 있다. 프로그램은 쉴 새 없이 스토리가 스펙을 이긴다고 홍보한다. 이는 어느 정도 사실이다. 하지만 제작진이 화면으로 모든 진실을 담지는 않는다. 스펙마저도 이길 실력을 보여달라는 말 속에는 많은 뜻이 담겨 있다.

숙소는 무대다

본선에서 숙소는 또 다른 무대다. 숙소에서 활발한 모습을 보일수록 다음 단계로 진출할 가능성은 높아진다. 시청자의 문자 투표가 전체평가에 미치는 비율이 높기 때문이다.

지원자가 숙소에서 자신의 개성을 드러낼수록 시청자는 반응하기 시작한다. 눈여겨봐야 할 예는 역시 《슈퍼스타K》 시즌2 우승자 허각. 그는 숙소 생활이 시작되자마자 주목도가 올라간 인물이다.

김지수와는 '개그' 커플로 통하며 숙소 분위기를 주도했다. 박보람과는 티격태격하는 오누이로, 강승윤과는 마찰을 빚는 선후임으로 존재감을 드러냈다. 존박과는 치열한 경쟁자이자 허물없는 동료로 엮이며 최종 결승까지 함께 올랐다.

최고 연장자로 지원자들을 다독이고 이끄는 리더로 자리를 잡았다. 다양한 인물과 다양한 관계를 쌓아가면서 인지도를 높였다. 그의 노래에도 사람들이 주목하기 시작했다. 적극성을 보이되 남들과 어우러지는 모습을 보이는 것이 중요하다.

본선 초반에 탈락한 이보람은 이를 아쉽게 생각했다. 미션 수행에 급급해 자신을 드러내는 것에 소홀했다고 스스로를 돌아봤다. 사전 인터넷 투표와 문자 투표를 감안해 스스로를 충분히 어필하는 것이 본선에서 오랫동안 살아남는 길이라고 강조했다.

역시 잊지 말아야 할 점은 자연스러움이다. 생존을 위해 억지로 애정전선을 형성하거나 불협화음을 일으킨다면 오히려 역효과를 불러일으킬지도 모른다. 진정성이 필요한 것은 지원자의 노래뿐만이 아니다.

 완벽함보다 솔직함이 통한다

오디션 프로그램에 참가하는 거의 모든 지원자는 평범하다. 빼어난 스펙도 기구한 스토리도 없는 이들이 대부분이다. 많은 이들이 평범함을 원망하며 고민에 빠지기 마련이다. 그렇다고 오디션 프로그램에 출연하기 위해 화목한 가정을 탓하고 평탄한 학교생활을 원망할 필요는 없다.

제작진은 평범함에서 비범함을 찾을 것이고 노래 안에서 간절함을 뽑아낼 것이다. 제작진이 강조하는 것은 누구도 똑같은 삶을 살아가는 이는 없다는 점이다. 그 어떤 평범한 사람이라도 자신의 삶이라는 드라마에서 주인공이라는 걸 명심하라.

스스로 아무런 특징이 없다고 좌절할 필요는 없다. 자신을 억지로 포장할 필요도 없다. 조금의 가식이나 거짓이 발각되면 시청자는 가차없이 돌아선다. 적극적이고 솔직하다면 그리고 노래에 열정을 가지고 있다면 그뿐이다. 당신의 진정성을 포장하는 역할은 제작진의 몫이다.

앤드류 넬슨의 경우를 떠올려보자. 그는 시즌2 심리 상담을 하면서 가정 형편상 떨어져 지내는 아버지를 떠올리며 눈물을 쏟았다. 하지만 그의 눈물은 의미가 남달랐다. 함께 본선에 오른 이들의 열악한 가정형편을 떠올리면 자신은 비할 바가 못 된다며 흘린 눈물이었다. 동료를 향한 그의 애틋함과 솔직함이 잔잔한 감동을 전했다.

존박의 매력 요인도 준수한 외모나 명문대를 다닌다는 화려한 조건이 아니었다. 오히려 무대 밖의 모습을 통해 드러난 순수하고 소박한 그의 심성이었다. 미국에 머물던 어머니와의 재회 장면에서 그는 스타성이 다분한 지원자의 모습이 아니었다. 어머니의 보살핌을 그리워하는 그의 어린 모습은 보호본능을 자극하기에 충분했다.

오디션 프로그램에서 스펙의 부담은 사라졌다. 외모도 학벌도 그리고 집안도 따지지 않는다. 오히려 출중한 스펙을 가졌다면 불이익을 받을지도 모른다. 기구한 사연도 마찬가지. 높아지는 화제성만큼 이미추어 지원자가 감당할 부담도 커진다. 화제성이 노래실력을 평가절하시킬 수도 있다. 솔직함을 무기로, 평범함을 방패로 삼자. 아무것도 그려지지 않은 백지의 가능성을 기억하자.

자신감을 갖고 정면으로 맞서라

'댄스퍼포머' **이보람**

이보람이 전하는 3가지 팁

1. 무반주 댄스를 준비하라.
2. 안무를 만드는 습관을 들여라.
3. 자신만의 호흡법을 만들어라.

"가수를 하고 싶어 고등학교 중퇴 후 검정고시에 합격했다."

지역예선에서 젊은 패기를 당당히 보여줬던 이보람은 "가끔 등굣길에 교복 입은 학생들을 보면 부럽기도 하지만 그래도 나는 하고 싶은 일이 있어서 괜찮다"고 했다.

자신이 꾸는 꿈을 향해 도전하는 젊음이라면 이 정도 자신감은 그 젊음을 더 빛나게 한다. 심사위원 싸이에게 "무조건 합격"이라는 말과 이승철에게 "타고난 딴따라"라는 호평을 들었던 이보람이다. 어떤 상황에도 주눅들지 않는 자신감과 스스로 안무를 만들 수 있는 표현력이 높은 점수를 받았다.

이보람이 가장 빛난 무대는 바로 '슈퍼위크'. 숱한 경쟁자 틈바구니에서 '무반주'로 춤을 춰보라는 심사위원의 요구에 당당하게 나서 확실한 눈도장을 받았다.

화제가 됐던 라이벌 미션에서 맞붙은 김소정과 서인영의 〈신데렐라〉를 자신만의 색으로 변주했다. 안무를 구성하고 자신 있게 표현해 당당히 본선 무대에 진출했다.

단 한 차례도 탈락의 쓴맛을 보지 않았던 그는 안타깝게도 본선 첫 무대에서 적응하지 못하고 고배를 마셨다. 이는 정해진 시간에 춤과 노래 모두를 준비해야 하는 '댄스퍼포머'의 숙제이기도 하다. 여기에 그녀는 문자투표 등에서 살아남기 위해 캐릭터를 구축해야 한다는 추가 조언도 아끼지 않았다.

'제2의' 비와 '제3의' 이효리는 언제쯤 등장할 수 있을까? 이는 오디션에 도전하는 댄스퍼포머 지원자의 숙제다.

지금까지의 댄스퍼포머들은 본선에서 좋은 성적을 거두지 못했다 가요계에서 주류를 이루고 있는 것이 댄스음악임을 감안하면 안타까운 결과다. 미션 자체가 댄스퍼포머에게 불리한 것인지 아마추어 지원자들의 능력에 한계가 있는 것인지 분석은 엇갈린다. 하지만 분명한 것은 언젠가 '춤 되고', '노래 되는' 진정한 의미의 '슈퍼스타'가 탄생할 것이라는 점이다.

〝
남들 두 배로
준비해야 해요
〟

지난 오디션에서 멋진 무대 잘 봤어요. 어려서부터 춤에 소질이 있었나요?

여섯 살 때부터 춤을 췄어요. 공연을 보고 무대에서 역동적으로 움직이는 퍼포먼스가 마음에 들었어요. 무작정 따라하기 시작했죠. 사실 노래는 음치 수준이었어요. 엄마가 제발 노래는 하지 말라고 하실 정도였죠.

의외네요. 그러면 노래는 따로 보완을 한 것인지.

초등학교 시절부터 기타를 배우고, 연습을 하다보니 조금씩 늘었던 것 같아요. 댄스퍼포머라고 하면 노래가 약할 거라고 생각하는 분이 많아요. 어느 정도 사실이기도 하고요. 하지만 오디션은 노래가 기본이라는 점을 잊어서는 안 될 것 같아유

노래와 춤이 모두 고려해 곡을 선택해야 하는데, 지역예선 때 어떻게 준비했나요?

가요와 팝의 비중을 맞춰서 노래를 정했어요. 춤추면서 노래하는 것을 기본으로 했죠. 아무래도 그게 제 꿈이고 잘할 수 있는 부분이라 생각했죠.

157

안무를 직접 구성해 높은 점수를 받았습니다. 본인만의 비결이 있다면.

특별한 비결은 없어요. 어려서부터 영상으로 보면서 춤을 보면서 외우곤 했어요. 머릿속에 넣어뒀다가 제게 맞는 동작을 필요할 때마다 꺼내서 연결시키는 거죠. 《슈퍼스타K》를 앞두고 따로 준비하지는 않았지만 오래전부터 많은 노래와 많은 안무를 기억해뒀던 게 큰 도움이 됐어요.

'슈퍼위크' 때 무반주로 춤을 추는 모습이 인상적이었습니다. 예상하고 따로 준비를 하고 있었는지.

전혀요. 노래를 무반주로 시키기는 하지만 춤을 시킬 줄은 몰랐어요. 방법이 하나밖에 없더라고요. 반주가 있다고 생각하고 춤을 췄는데, 잘 췄다기보다는 당황하지 않고 꿋꿋하게 제 자신의 춤을 추는 걸 좋게 봐주신 것 같아요.

무반주로 춤을 춘 김소정과 두 명만이 본선에 진출했어요. 무반주 춤이 아무래도 당락에 영향을 미쳤다고 생각하지는 않으세요?

지금 돌아보니 그럴 수도 있겠다는 생각이 드네요. 춤을 추면서 노래하는 댄스퍼포머 가운데 실력자가 꽤 있었어요. 하지만 긴장을 많이 해서 그런지 제 실력을 보여준 참가자 분이 드물었던 것 같아요. 다들 뭔가 준비를 많이 해오긴 했는데, 대부분은 유명한 가수의 춤을 따라 하면서 노래를 했거든요. 무반주로 춤을 춘 건

어찌 보면 다른 참가자 분들과 차별화 될 수 있는 장점이었던 것 같아요.

만약 지금 댄스퍼포머를 지망하는 참가자가 옆에 있다면 무반주 댄스를 준비하라고 조언해주실 건가요?

네. 제가 지금 다시 준비한다 해도 무반주로 춤을 추는 걸 훨씬 많이 연습할 것 같아요. 사실 무반주로 춤을 출 때, TV에는 잠깐 나왔지만 저로선 그 시간이 꽤 길게 느껴졌고, 상당히 민망했거든요. 이게 아니면 안 된다는 심정이 아니었다면 못 견뎠을 정도로요. 미리 준비하고, 각오를 다진다면 당황스럽고, 민망한 마음에 대비할 수 있겠죠.

댄스퍼포머로서 조별 미션을 대비하기 위한 팁을 준다면.

무엇보다도 팀워크가 가장 중요한 것 같아요. 그게 우선이고, 그러고 나서 댄스퍼포머라는 걸 같이 드러낼 수 있다면 참 좋겠죠. 조별 미션 때 〈유 앤 아이〉를 불렀는데 저는 스스로 제 춤을 가미시키기도 했어요.

라이벌 미션도 대단했어요.

실은 라이벌 미션이 있을 거라고 내심 예상을 했어요. 혼자 생각에는 (김)소정 언니하고 할 것 같다는 예감도 들었는데, 그런데 정말 만나더라고요. 방송에서는 서로 신경전을 벌인 것처럼 나왔지만 꼭 그렇지만은 않았어요. 아마도 방송의 재미 때문에 편집이 그렇게 된

것 같아요.(웃음) 방을 같이 쓰면서 둘 다 같이 합격하자고 각오를 다지면서 딱 30분만 자면서 함께 연습했어요. 시간이 많지 않다 보니 기존 노래를 살리고 안무를 변형해서 넣으려고 했어요. 솔로 댄스 파트는 각자가 준비했고요.

댄스퍼포머로 함께 올랐던 김소정과 1라운드에서 아쉽게 탈락하셨어요. 시즌1에서도 김주왕이 톱3에는 들지 못했고요. 댄스퍼포머가 우승을 차지하지 못하는 이유가 있다고 보는데, 어떻게 생각하는지.
노래와 춤을 동시에 한다는 게 쉬운 일이 아니죠. 남들보다 두 배 이상 준비를 해야 한다는 거니까 이 점이 많이 어렵긴 해요. 특히 본선 무대에 설 때의 긴장감은 정말 대단해요. 갖춰진 무대에서 춤을 추면서 노래를 해본 경험이 다들 처음이다 보니 실력을 발휘하기가 어려워요. 적응할 만 하면 탈락을 하고요.(웃음) 그런 점이 좀 아쉬워요.

본선 무대에서 〈타임리스〉를 불렀는데.
아쉬움이 많이 남는 무대였어요. 호흡이 달렸던 게 가장 아쉬워요. 제게 좀 버거웠던 곡이었어요. 무대에서 흥분을 했고, 그러다 보니 호흡을 놓쳤어요. 제 실력이 거기까지였다고 생각해요.

노래에 댄스에 무반주 춤까지 많은 무대를 섭렵했는데, 무대에 섰을 때 가장 중요한 걸 꼽아 주실래요?

자신감이요. 사실 이건 예선 때부터 매우 중요한 요소인 것 같아요. 건방져 보일 정도로 노려보듯이 심사위원과 눈을 맞추는 게 좋다고 생각해요. 잡아먹을 듯한 기세를 보여줘야 해요.

끝으로, 오디션 지원자에게 조언을 해준다면.
노래나 춤으로 보여주는 실력이 최우선이에요. 하지만 외적인 부분도 놓치면 안 될 것 같아요. 자기 캐릭터를 찾는 거요. 시청자가 매력을 느낄 수 있는 모습을 보여줘야 해요. (김)지수 오빠가 보여준 코믹한 이미지 같은 거요. 전 그런 게 없어서 아쉬웠어요.
사전 투표에 어떻게 대비하는지도 몰랐고, 시청자 문자 투표의 중요성도 그렇게 신경을 쓰지 못했어요. 이보람 하면 딱 하고 떠오르는 캐릭터가 없었던 거죠. 합숙 생활도 일정에 쫓겨 기계적으로 움직인 건 아닌지 아쉽구요. 시청자는 모든 순간을 지켜보고 있잖아요. 그러면서 이야깃거리가 되는 사람을 좋아하더라고요. 진작 알았다면 노력했을 텐데. 그런 점을 꼭 얘기해주고 싶어요.

i n t e r v i e w

어리다고 기회가
또 있을까요?

'로틴보컬' **박보람**

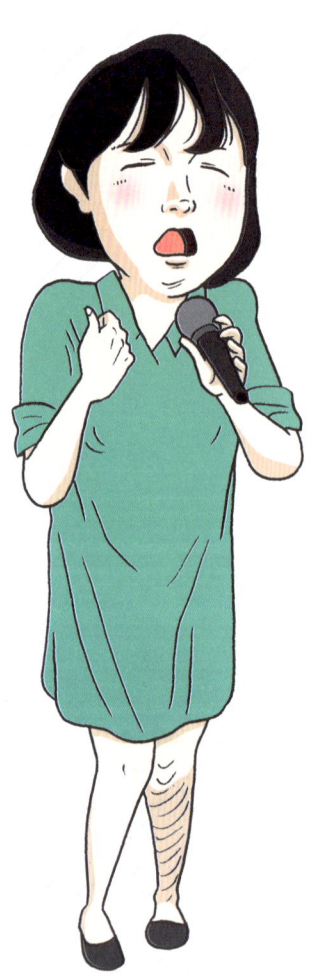

박보람이 전하는 3가지 팁

1. 내게 맞는 음을 강조하라.
2. 감정 표현에 매달려라.
3. 경쟁보다 함께 하라.

"돌아가신 아빠와의 약속이 중요했는데 이뤄져서 감사해요."

본선 진출이 확정되었을 때 박보람이 한 말이다. 본선 진출자 선정을 앞두고 지원자들의 심층면접에서 심사위원 윤종신은 낭패를 보았다. 명랑해서 '해피 바이러스'라고 불리던 박보람에게 아버지 이야기를 물었다가 "2월에… 술 때문에…"라며 울먹거리게 했기 때문이다. 노래를 만들고 싶다고 할 만큼 아버지가 너무도 그리운 박보람은 아직 어린 소녀다.

최근 몇 년 사이 무수한 걸그룹이 쏟아져 나왔고 앞으로도 나올 계획이다. 어느덧 이들은 가요계에서 주역으로 성장했다. 나이가 가요계 진입의 걸림돌이 되

160

슈퍼스타가 되라

던 시대는 지났다. 이러한 흐름은 오디션에도 반영되고 있다. 《슈퍼스타K》 시즌2 톱11에 당당하게 진입하며 이름을 알린 박보람. 그는 '로틴low-teen' 열풍의 중심에 섰다. 때 묻지 않은 표현력과 맑지만 강렬한 음색은 그녀만의 매력이다. 본선 2라운드에서 탈락했지만 미션마다 풋풋한 매력을 발산하며 또렷한 존재감을 남겼다. '제2의' 박보람을 꿈꾸며 오디션의 문을 두드리는 '로틴보컬' 지원자도 적지 않다.

박보람은 나이답지 않게 자신의 장단점을 분석해서 비교적 체계적으로 준비했다. 자신의 강점인 고음을 최대한 부각시키려 노력했고 표현력과 이해력에서 부족한 점을 보완하려고 했다. 나이답지 않은 자기관리 능력도 보여줬다. 학기 중에 매일 규칙적으로 노래 연습을 해왔다. 새벽기도도 빠지지 않고 다니며 마음을 다잡기도 했다. 지금도 춘천과 서울을 오가며 고된 연습생 생활을 하고 있다.

박보람은 지원자에게 어리고 여린 감성을 최대한 살리되 표현력과 이해력을 보완하는 데 초점을 두라고 당부했다. 실력에는 나이의 많고 적음보다 집중력과 지구력이 좌우한다는 점도 일러줬다. 그녀의 마지막 조언은 '로틴' 지원자라면 새겨둘 만하다.

"어리기 때문에 기회가 또 있을 거란 말씀을 많이 들었어요. 틀린 얘기는 아니지만 기회가 찾아오길 기다리고 다른 이에게 양보하는 건 현명하지 못한 것 같아요. 매 순간이 중요하다고 생각해요. 어릴수록 자신의 꿈을 미리 준비해야 하지 않을까요?"

> **66**
> 가사를 반복해서 읽고
> 한 소절씩 이해했어요
> **99**

지역 예선부터 관심을 모았습니다. 예선에서는 어떤 노래를 불렀는지.

1차 오디션에서는 나비의 〈길에서〉를 불렀어요. ARS를 통해서 했는데, 전화로 하다보니 많이 쑥스럽더라고요. 2차 때는 화요비의 〈그런 일은〉과 니모의 〈독설.. 이 지독한 사랑〉을 불렀죠. 제 목소리의 장점을 살릴 수 있는 노래를 고르려고 했어요.

자신의 목소리가 가진 장단점을 잘 알고 있었군요. 어떤 장점을 살리려고 했는지. 구체적으로 얘기해 주실래요.

무조건 고음을 소화할 수 있는 노래를 하려고 했어요. 그런데 지금 생각해보면 조금 단순하고 쉽게 생각했던 것 같아요.

좋은 선전에도 불구하고 3차 예선에서 고비가 있었지요? 아마도 이 점 때문이 아니었는지.

심사위원 분들이 제가 좋아하는 가수의 목소리를 따라하는 것 같다고 지적하셨어요. 고음만 내지르면 될 것 같다고 생각했는데 그게 전부가 아니라는 걸 절실히 깨달았어요.

'슈퍼위크'를 앞두고 변화하기 위해 많은 준비를 했을 것 같아요. 어떤 면에 중점을 뒀나요?

감정 이입이 부족하다는 생각을 했어요. 아무래도 나이가 어리다보니 노래의 느낌을 표현하는 것이 어려웠거든요. 가사를 국어책 읽듯이 계속 읽기만 했어요. 그 뜻을 알 때까지요. 나미의 〈슬픈 인연〉, 유미의 〈별〉, 박정현의 〈꿈에〉 〈나의 하루〉 같은 노래들의 가사를 반복해서 읽었어요.

그런데 가사만 볼 때는 이해가 되다가도 막상 노래로 부르면 그 느낌을 또 잊어버리는 거예요. 한 소절씩 부르면서 그 감정을 이해하려고 노력했죠. 결과적으로 그 과정이 저에게 많은 도움이 됐어요.

본선 진출자 모두가 이구동성으로 '슈퍼위크'가 무척 힘든 과정이었다고 하더군요. '슈퍼위크'가 시작됐을 때 부담감은 없었나요?

다른 것보다도 누군가를 이겨서 다음 단계로 넘어가는 서바이벌이라는 과정을 처음 겪으면서 충격을 받지는 않을까 걱정이 되긴 했어요. 하지만 어떤 생각을 할 겨를이 없었어요. 밤새 연습하고 미션하고 어떻게 시간이 흘렀는지 모를 정도였어요.

힘들지는 않았는지.

조별 미션에서 박봄의 〈유 앤 아이〉가 미션 곡으로 지정됐어요. 업 템포up–tempo, 빠른 템포의 노래는 연습했던 적이 없어서 자신이 없었어요. 리듬감이 부족했어요. 하지만 못하더라도 이번 미션만 잘 마치자고 마음먹었어요. 운좋게 제가 고음 파트를 하게 되어 좋게 봐주신 것 같아요.

최연소 참가자이자 한 살 어린 현승희와 '로틴보컬' 끼리 라이벌 미션에서 맞붙었죠? 오히려 좀 예민했을 것도 같은데, 어땠나요?

같은 동네(춘천)에 살고 소문을 익히 들어 알고 있는 친구였어요. 어린데도 감성이 풍부했어요. 감정 이입이 힘들던 제 입장에서는 많이 칭찬해주고 싶었어요. 그 친구가 고른 곡이 〈내 귀에 캔디〉였는데, 하루 만에 무언가를 만들어내기 어렵다고 봤어요. 윤미래의 〈시간이 흐른 뒤〉는 잘 아는 곡이라 함께 할 수 있을 거라 생각했죠.

라이벌 미션에서 살아남기 위해서는 어떤 점이 필요하다고 생각하세요?

다시 라이벌 미션을 한다면 잠을 안 자고 연습할 것 같아요. 잠이 중요한 게 아닌 것 같아요. 그리고 파트에 따라 누가 올라서고 누가 받쳐주는가는 의미가 없어요. 함께 한 곡을 부르며 맞추는 호흡이 가장 중요한 것 같아요. 경쟁하기보다 함께 만들어간다는 걸 잊으면 안 된다고 생각해요.

리메이크 미션 때 〈세월이 가면〉도 인상적이었어요. 심사위원과 더불어 많은 시청자에게 극찬을 받았는데, 사실 이 노래는 박보람 양이 태어나기 전의 노래 아닌가요?

맞아요. 아예 몰랐던 노래예요. 많은 분들이 리메이크 했다는 사실을 뒤늦게 알았어요. 원곡 자체가 뛰어난 노래라 크게 신경 쓸 곳이 없었어요. 다만 그 시절의 감성을 이해하는 게, 좀 어려웠어요.

전혀, 그런 점으론 어려워보이지 않았어요. 어떻게 해결을 했는지.

(허)각이 오빠에게 도움을 받았어요. 합숙기간 동안에는 티격태격하면서도 정이 듬뿍 들기 마련이에요. 경쟁자라기보다는 음악을 하는 사람들끼리 통하는 점이 많았어요. 각이 오빠는 노래하는 스타일이 비슷해서 그런지 제 입장에서 조언을 많이 해줬어요. 서로 공감대도 많았고요. 어떤 감정인지, 그리고 어떻게 표현해야 하는지 옆에서 설명을 많이 해줬어요. 참 고마웠어요.

이문세의 대표 곡으로 치뤄진 레전드 미션에서 탈락 하셨어요. 정말로 잘하고 있었는데, 탈락하고 충격을 받진 않으셨는지요.

〈이별 이야기〉라는 노래를 불렀어요. 가사가 어렵고

듀엣 곡을 혼자 부르다 보니 미흡했던 것 같아요. 그래도 본선 무대에도 올랐고 후회나 아쉬움 없이 노래했다고 생각해요. 만족스러워요.

오디션에 참가하는 로틴보컬 지원자에게 해주고 싶은 말이 있다면.

나이가 어리기 때문에 실력에 비해 높게 평가해주시는 부분은 있는 것 같아요. 대견해하시고 귀여워해주시기도 하구요. 그게 장점이에요. 하지만 반대로 어리기 때문에 기회가 많다고 생각하시는 분도 많을 것 같아요. 다음에도 기회가 있을 거라는 얘기를 많이 들었어요. 하지만 중요하지 않은 순간이 어디 있겠어요. 끝까지 포기하지 말고 기회를 잡아야 한다고 생각해요. 일찍 시작해서 한 계단씩 밟아나가며 자신을 완성하는 것이 현명한 선택이 아닐까요? 어리다고 다른 사람에게 의지하거나 물러서지 말고, 그 순간에 나한테 온 기회에 최선을 다했으면 해요. 꼭 그 기회를 자신의 것으로 만들어 완성 시키라고 말하고 싶어요.

Audition

04

심사위원을
심사하다

슈퍼스타K vs 위대한 탄생

이승철과 윤종신은 《슈퍼스타K》를 대표하는 얼굴이다. 이승철은 노래의 기본을 중시하고 투박하며 직설적이다. 윤종신은 가수의 희소성을 논하고 섬세하며 은유적이다.

노래에 대해서도 상반된 견해를 내놓기도 하며 한 사람이 팽팽한 긴장감을 만들면 다른 한 사람은 그 긴장을 이완시킨다. 이들의 조합에 여성 심사위원이 호흡을 맞춘다. 시즌1 이효리, 시즌2 엄정화가 주인공이다. 이들은 무대 위 카리스마와 패션 그리고 감정 표현을 중점적으로 평가했다.

《위대한 탄생》은 오디션 프로그램으로는 이례적으로 멘토제를 적극 도입했다. 심사위원을 겸하며 멘토로 나선 이들은 신승훈, 이은미, 김윤아, 방시혁 그리고 김태원이다. 멘토의 등장으로 이미 만들어진 재능이 아니라 재능의 싹을 키워주는 역할을 하면서 많은 지원자들에게 또 다른 희망을 주었다.

심사위원들도 지원자 못지않은 스트레스와 부담감에 시달린다. 지원자의 인생이 걸린 평가를 공정하고 정확하게 내리기 위해 늘 긴장한다. 이들은 소질이 없다면 험난한 가수의 길에 발을 들여놓기 전에 독설을 퍼부어 단념케 하는 것이 지원자의 인생을 위하는 길이라 여긴다. 반대로 타고난 재능을 끌어내지 못할 때 혹독한 심사평으로 근성을 깨우는 것도 이들의 몫이다.

심사위원 각자는 자신의 주종목을 챙기면서 다른 영역도 크로스체크하는 조직력을 가졌다. 때론 평이 엇갈리기도 하지만 저마다 의미를 부여하며 공정한 균형감각을 보였다. 분명한 점은 이들의 음악 스타일만큼 심사 기준도 다르다는 점이다.

'발견가' 이승철
"소스를 찾아서"

가수는 선천적으로 타고나야 한다는 것이 이승철의 지론이다. 이런 생각을 가진 그가 음정, 박자 그리고 가사 전달력 등 기본 자질을 누차 강조하며 지원자에게 독설을 퍼붓는 것은 어쩌면 당연한 일이다. 아무나 될 수 없는 '꾼'을 넘보는 이들에 대한 경고이자 좋은 가수가 되도록 노력하라는 호된 질책이다.

사람들은 그에게 독설가라고 했지만 그는 발견가에 가깝다. 원석을 찾고 그 가치를 알리는 데 주력한다. 단순한 돌멩이 앞에서는 냉정하고 차갑다. 안타깝게도 사람들은 냉정하고 차가운 모습에만 집중한다. 원석을 만났을 때 그가 보이는 태도는 쉽게 지나친다.

허각과 박보람처럼 타고난 성량과 음색을 갖춘 이들에게 독한 심사평을 내놓지만 상대적으로 점수는 후했다. 리듬감을 타고난 이보람에게는 "선천적인 딴따라"라고 칭찬했다. 타고난 재능을 뜻하는 '소스'라는 표현을 많이 쓰며 이들의 분발을 요구했다.

그가 보는 심사 관점 역시 노래를 부르는 자질에 주로 집중한다. 호흡·발성·음정·리듬 등에 대한 지적은 빠지지 않는다. 두성과 비성 그리고 가성과 진성도 구분해서 심사한다. 표정과 발음까지도 냉정하게 따진다.

그래서 그의 입에서 나오는 '실망스럽다' '미흡해 보인다' 등의 평가는 양반이다. '구려' '느끼해' 등의 직설적 표현도 불사한다. 기교에 치우치는 지원자에게는 "감탄하게 할지언정 감동은 줄 수 없다"고 일갈했다. 노래로 잔뼈가 굵은 그 앞에서 어설픈 기교를 부리려면 번데기 앞에서 주름을 잡는 편이 나을 듯하다. 반면에 칭찬에 인색하지 않다. 특히 발전하는 모습을 보이면 반응이 바로 나온다. "최고 점수를 드리겠습니다"라며 격려한다.

이승철은 《슈퍼스타K》 심사의 중심축이다. 냉정함을 잃지 않으려고 한다. 대쪽 같은 소신을 굽히지 않는다. 거액의 상금을 탈 우승자 단 한 명을 찾아야 한다는 사명감도 또렷하다. 자신의 미니홈피에 심사결과를 항의하는 이에게 "대국민 투표 좀 잘하라고 전해주세요"라고 답하거나 "현장의 느낌만 정확히 심사하면 됩니다"라고 선을 긋는다.

종합해보면 그는 발전 가능성을 높게 평가한다. 화려한 기교를 부리기보다 투박해도 시원한 성량을 선호한다. 선곡

Audition

의 적합성을 중시하고 몰입하는 모습도 세밀하게 관찰한다. 춤을 추며 노래하는 퍼포머에 후한 것은 의외의 모습이다. 배우고 노력하는 모습은 꼼꼼하게 체크해서 반드시 점수로 돌려준다. 가수로서 자부심이 강하고 심사위원으로 자존감도 높다.

무엇보다 이승철의 심사관은 이미 공개됐다. 시즌2 허각이 최종 우승을 확정하기 직전 그가 남긴 말이 있다. 이는 그가 《슈퍼스타K》를 통해 만나고 싶어 하는 후배 가수의 모습이자 심사를 하는 원칙이기도 하다. 지원자라면 반드시 가슴에 새겨들어야 할 말이다.

"요즘 노래가 많이 인스턴트화 되고 있는데, 앨범이 나오면 노래연습보다는 복근운동부터 하는 가수들이 많죠. 허각 씨는 노래로 승부하는 가수가 됐으면 좋겠습니다. 데뷔하시면 저는 한 가지, 예능 프로그램보다는 콘서트 활동을 많이 하는 그런 모습을 보여주는 가수가 됐으면 좋겠습니다. 프로로 데뷔하는 축하 무대, 정말 좋은 점수 드리겠습니다."

'감별사' 윤종신
"남다른 널 보여줘"

윤종신의 심사는 '늦둥이 예능인'답게 유머가 묻어 있다. 잔뜩 움츠린 지원자의 마음을 어루만져 준다. 그렇다고 마음을 놓을 수 없다. 윤종신은 특유의 웃음과 함께 날카로운 지적을 비수처럼 꽂는다.

> "움직이는 카메라 쳐다보면서 발라드 부르면 이상해. 힙합인 줄 알았어요."

허각에게 "보폭보다 너무 긴 계단을 내려왔는데 잘했어요"라고 능치다가 "너무 꼭꼭 눌러서 야무지게 부르는 것만이 장점이 아닙니다"라고 지적을 한 것이 대표적인 예다. 웃음으로 긴장을 누그러뜨리면서 할 말을 다 하는 면에서 어쩌면 더 잔인하기도 하다.

날렵한 그의 눈매에서 나오는 관찰력은 세밀하다. 마이크를 잡은 손의 떨림이나 시선처리 하나까지 놓치지 않는다. 지원자는 그의 심사에 맞춰 "앞뒤로 당겨서 리듬감을 강조"하며 불러야 하는지 "또박또박 야무지게 꼭꼭 씹어" 불러야 하는지를 구분해야 했다.

윤종신은 지원자의 긴장을 늦추지 못하게 하는 대표

적인 심사위원이다. 미묘한 차이를 구별해내는 섬세함을 갖춘 그는 감별사의 면모를 풍긴다. 감춰져 있던 지원자의 새로운 모습을 발견해 이를 적극 활용하도록 격려한다.

오디션 프로그램을 즐기는 모습도 엿보인다. 이는 중심을 잡는 이승철과는 사뭇 다른 모습이다. 심사결과에 대해 반응이 엇갈리면 "심사는 심사일 뿐 심사하지 말자"는 너스레를 떤다. 탈락자에게 위로의 '트윗'을 날리는 것도 그의 몫이었다.

윤종신이 《슈퍼스타K》에서 가장 강조하는 것은 '희소성'이다. 프로 세계에서 통할 수 있는 경쟁력 있는 지원자를 고르겠다는 것이 그의 심사 원칙이다. 때문에 기성 가수를 흉내 내는 모습을 경멸한다. 모창의 분위기가 나오면 점수를 뚝뚝 떨어뜨렸다.

성의 없는 모습도 유난히 싫어한다. '슈퍼위크' 때 가사를 외우지 못한 지원자는 그에게 철퇴를 맞았다. 그가 깊은 관심을 보였던 강승윤도 기타 튜닝을 소홀히 한다는 이유로 혼쭐이 나야 했다. 독창성과 차별성에 높은 점수를 매기는 편이다. 허각의 고음만큼 존박의 중저음에 의미를 부여한 심사위원이다. "고음 한 옥타브를 올리기 위해 고음만 연습하는 사람들에게 메시지를 줄 수 있는 가수"라는 심사평을 남겼다.

윤종신의 심사 기준도 이런 맥락을 따른다. 그는 비교 우위의 동급 최강을 가리겠다는 소신이 분명하다. 희소성이 떨어진다면 수많은 경쟁자에 비해 소름끼치도록 잘해야 할 것이라고 충고한다. 그가 시즌2 준결승에서 허각에게 남긴 말은 여러 가지를 시사한다.

"시청자들이 김태우, 김조한, 김연우 등 내로라 하는 우리나라 가창력 일인자의 노래를 어울리는 곡이라고 했어요. 프로무대에 나오면 이 사람들과 경쟁해야 할 겁니다. 희소성이 떨어지기 때문에 소름끼치도록 잘해야 할 겁니다."

'형님' 신승훈
"멘토는 가르치는 사람이다"

2010년으로 데뷔 20주년을 맞은 신승훈. '발라드 황제' '싱어송라이터' '기록의 사나이' 등 그를 수식하는 단어도 세월의 흐름만큼 무게감이 느껴진다. 하지만 이제 하나의 수식어가 더 추가됐다. 바로 '멘토'라는 이름이다.

열정으로 가르치고 냉정하게 평가하는 그는 프로그램 전체를 조율하고 중심을 잡았다. 심사평의 주목도는 다른 멘토에 비해 높지 않았을지 모르지만 노래의 기초와 부르는 태도

를 중점적으로 강조하며 프로그램 취지에 가장 충실했다는 평을 들었다. 책임감이 강해 프로그램 뒤에도 멘티를 자신의 공연장에 세우는 '사후관리'도 철저했다.

신승훈은 선배 가수 입장에서 지원자를 심사하고 지도했다. 목소리 톤과 표현력에 대한 지적이 많았다. 예리한 지적을 하면서도 따스한 조언을 잃지 않았다. 발전하는 모습을 높게 평가하고 가능성을 보이는 이에게는 기회를 줬다. 멘티가 선배의 가르침을 자신의 것으로 습득할 때까지, 나쁜 버릇을 고쳐주고 끈기를 가지고 지켜보는 것도 그의 장점이다.

멘토를 선택하는 지원자 입장에서 당장의 이슈화를 기대하기보다 가수로서 장래성을 본다면 그 이상의 선택은 없어 보인다. 타고난 완성형보다 성실한 노력형에게 더할 나위 없는 멘토다.

'교관' 방시혁

"외면받는 데는 이유가 있다"

박진영의 〈난 여자가 있는데〉, 비의 〈나쁜 남자〉와 〈아이 두〉, 백지영의 〈총 맞은 것처럼〉, 2AM의 〈죽어도 못 보내〉 등 그가 만들면 트렌드가 되고 가수의 운명은 바뀐다.

프로듀서 방시혁. 그가 《위대한 탄생》을 만난 것은 어쩌면 필연이다. 작곡가이자 프로듀서인 그는 시류를 읽고 가수의 가치를 높이는 데 일가견이 있다. 가수 지망생은 그를 만나 스타성을 하나씩 덧입을 수 있다.

다만 그 과정은 어쩌면 《위대한 탄생》의 멘토 중 가장 혹독할지도 모른다. 재능을 가졌지만 이를 끌어내지 못하는 걸 죄악시하는 방시혁은 마지막 순간까지 지원자를 몰아붙인다. 마치 유격훈련의 교관을 연상시킨다. 극단의 상황까지 내몰아 자신이 가진 200% 이상의 결과물을 뽑아내고야 만다.

그는 방송 중에 '진심으로' 화를 내는 독특한 모습을 보였다. 사람들은 '독설가'로 그의 이미지를 정형화했다. 독설에 '중독성'이 있다며 희화하기도 했다. 하지만 중요한 것은 그가 화를 내고 독설을 뽑는 이유에 있다.

연습량이 부족하거나 기대치를 채우지 못할 때, 그는 세상에서 가장 듣기 힘든 독설만 골라서 입에 올렸다. "무슨 생각을 가졌나" "태도에 경악을 금할 수 없다" 등은 약과다. "굉장히 화가 나고 기분이 안 좋다" "컨디션이 안 좋다는 건 핑계다" "이렇게 안 와닿게 부르는 걸 듣는 것도 처음이다" 등 직설적으로 지원자를 초토화시켰다.

방시혁은 《위대한 탄생》에서 가장 현실적인 전략가의 모습을 보여준다. 단기간에 단점을 보완할 수 있는 속성형 지원자를 선호한다. 시시각각 변하는 그의 의중을 읽고 발 빠르게 따라올, 습득 능력이 빠른 '센스쟁이' 지원자에게 방시혁은 베스트 멘토다.

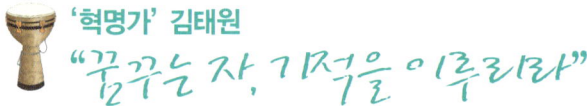

'혁명가' 김태원
"꿈꾸는 자, 기적을 이루리라"

음악만 하기에 퍽퍽한 현실은 그를 '국민 할매'로 만들었다. 예능 프로그램에서 맹활약하며 음악을 겸업(?)하는 것처럼 비쳐졌다(물론 사실은 그 반대다).

어찌 됐건 김태원이 《위대한 탄생》을 만나 음악적 멘토가 되겠다고 나설 때 사람들은 고개를 갸웃거렸다. 방송 첫 회, 최종 우승자가 자신의 멘티 중에 나올 것이라고 호기 좋게 말하자 사람들은 이를 그의 빛나는 예능감으로 치부했다.

하지만 많은 이들이 간과한 것이 있다. 그가 25년간 전설의 그룹 부활을 이끌었다는 것. 그리고 〈비와 당신의 이야기〉 같은 숱한 명곡을 만든 김태원이라는 사실을. 음악인들은 대한민국 3대 기타리스트로 그를 꼽는 데 주저하지 않는다.

멘토 김태원은 정형성을 탈피한 역발상으로 방송 내내 주목도를 높였다. "세상에 '여기까지'라는 단어는 없다. 항상 '이제부터'다"라며 호불호가 갈리는 지원자를 멘티로 받아들였다. 스스로 이들을 외인부대라 칭했다. 외모 콤플렉스도, 모창하는 습관도 그에게는 문제가 되지 않았다. 단점을 고치려 하지 않고 장점을 극대화 시키려 했다. "〈네버엔딩스토리〉를 잘 부르는 방법은 한 키를 낮춰 부르면 된다"는 식으로, 밟아 눌러 근성을 키우기보다 추켜세워 자신감을 북돋았다.

김태원은 꿈을 향해 전진할 것을 선동하는 혁명가의 모습이다. 불가능은 없다는 것을 계속 주입시키며 불리한 여건을 긍정의 힘으로 바꿔낸다. 스타일이 뚜렷하지만 세상의 기준과 맞지 않는 사람이라면 그를 만날 필요가 있다. 또한 치밀한 전략과 철저한 자기관리를 갖췄다면 시너지를 기대할 수도 있다.

'사부' 이은미
"무대는 경건하다"

800회 이상의 라이브 공연 횟수는 국내 여성 가수로는 그녀가 유일하다. 노래를 신앙처럼 무대를 종교처럼 여기는 이은미. 그녀는 음악에 대한 뚜렷한 소신과 철학으로 무장했다.

이은미가 《위대한 탄생》 멘토로 합류한다는 소식이 전해졌을 때 많은 사람들은 독설을 예상했다. 실제로 지원자에게 시어머니 같은 완고함으로 마음의 문을 쉽게 열지 않았다. 사감선생님처럼 깐깐한 말투도 그녀의 권위를 높였다.

이은미가 주로 지적하는 것은 무대에 대한 태도. 준비되지 않은 모습은 죄악과 같이 취급받았다. 무대를 신성하게 여기는 그녀에게는 어쩌면 당연한 것이다. 그러면서도 무대에 당당히 맞설 때는 실수를 하더라도 질책하지 않았다. 그게 가수의 도리라 강조했다.

노래의 기본을 이야기했고 잘못된 습관을 고쳐주려 애를 썼다. 발음 때문에 고전하는 권리세에게 희망을 주고 근성을 자극한 건 이은미였다. 숱한 무대 경험으로 잔뼈가 굵은 보컬리스트답게 근성을 가수의 덕목으로 여긴다.

회를 거듭할수록 이은미는 '외강내유'형 멘토라는 사실이 드러났다. 전문 지식으로 지원자의 노래를 지적할 때마다 여린 마음이 담겼던 것. 성대를 혹사하며 노래하는 지원자의 미래를 걱정하고 바르지 못한 발음과 호흡으로 고생하는 지원자를 안타까워했다. 멘토 스쿨을 산사에서 열며 노래란 단순한 기능이 아닌 마음의 소통임을 강조하기도 했다.

멘토 이은미에게 접근하는 진입장벽은 높다. 하지만 장벽을 오를 때마다 멘티들은 성장하는 자신을 느낄 수 있었다. 툭툭 던지듯 나오는 그녀의 조언은 버릴 것이 없을 정도로 효용 가치가 높다. 공을 들여 차근히, 노래라는 바다에 빠질 준비가 됐다면 그녀의 안내가 필요할 것이다.

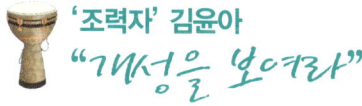

'조력자' 김윤아
"개성을 보여라"

자우림의 보컬이자 싱어송라이터 김윤아. 국내에서 비주류로 통하는 밴드의 여성 보컬로 그녀의 존재감은 유별나다. 자유분방해 보이면서 세태를 거스르지 않는다. 음악성을 견지하면서 대중성을 안고 가는 교묘한 줄타기는 오랜 장기다.

"요즘 가요계 시스템에서 섞이기 힘든 음악을 하고 있다. 나와 비슷한 스타일의 음악을 하는 이들에게 힘이 되어주고 싶다"는 김윤아는 출사표부터 다른 멘토와 사뭇 달랐다. 목적의식이 뚜렷하고 자신의 역할을 꿰뚫고 있다.

실제로 그녀는 지원자의 캐릭터와 기본기를 눈여겨봤다. 자유로운 영혼을 선호하는 듯하시만 규율을 어기는 것은 참지 못했다. 연습에 지각을 일삼는 멘티는 혹독한 대가를 치러야 했다. 음악적 개성을 높게 평가하고 변화의 진폭이 클 때마다 눈을 크게 떴다. 칭찬에 인색하지 않지만 점수가 후하지는 않았다. 꼭 필요한 조언을 꾹꾹 눌러 담아 따끔하게 던지는 스타일이다.

강렬한 카리스마로 멘티를 이끌어가는 스타일은 아니다. 자율적으로 풀어놓고 스스로 깨닫기를 바라는 쪽에 가깝다. 느슨해 보이지만 그게 전부는 아니다. 백세은, 정희주 등 멘티를 자신의 소속사를 불러 '사후관리'에도 신경 쓰는 촘촘함이 엿보인다. 노래와 작사·작곡 등 다방면에 재능을 보이고 꼭 짜인 틀에 적응하지 못하는 이들이 찾아야 하는 멘토다.

가수 지망생들의
스타 등용문을 꿈꾸다

대국민을 상대로
오디션을 벌인 남자
김용범 CP

대한민국을 오디션 열풍 속으로 밀어넣은 남자. 《슈퍼스타K》를 3년째 책임지고 있는 김용범 CP의 목소리에는 자신감이 묻어 나왔다. 이야기의 시작은 세간의 화제가 된 《슈퍼스타K》 대비 '고액 과외'였다.

"얼마나 도움이 되나 음악학원 자료를 구해서 봤어요. 결론부터 말씀 드리면 '소용없다'는 겁니다. 오디션에서 왜 똑같은 노래를 부를까 싶었는데 그 의문이 풀렸어요. 오히려 걱정이 되더군요. 그렇게 똑같은 노래를 암기하듯 배워서 본선 미션을 한 개라도 제대로 통과할 수 있을까요?"

김용범 CP가 밝힌 주요 출제 경향은 '다양성'과 '개성'이다. 획일화된 학원 과외가 통하지 않을 정도로

치밀한 미션으로 대처할 계획이다. 그룹 지원자가 상대적인 불이익을 받았던 평가 과정을 대폭 수정한 것도 그 때문이다.

"시즌2에서 가장 아쉬운 탈락자는 그룹 타란튤라였어요. 미션에 들어갈 때 그룹 개개인이 뿔뿔이 흩어져서 평가를 받게 되니 불이익을 받게 됐어요. 심사위원들도 이 부분을 아쉽게 생각했어요. 실력을 갖춘 팀이라면 한 팀으로 끝까지 평가받을 수 있도록 배려할 참입니다."

가수의 꿈을 가진 이들이 '올인'하도록 동기부여와 보상을 확실히 하겠다는 의지를 표명했다. 우승 상금 규모도 2배 이상 늘리고 대회가 끝난 후의 지원계획

도 있다. 기획사 선정과 연습 과정을 체계적으로 지원하는 인큐베이팅 과정도 보완한다.

"지금이야 오디션 프로그램이 많아졌지만 2009년에는 전무했어요. 가수 지망생들의 스타 등용문이 돼서 음악 산업을 키워내겠다는 큰 전제로 시작했어요. 그러나 다들 어려울 거라 했죠. 이 말은 인기가 시들해도 이 프로젝트를 끝까지 끌고 나갈 거란 얘기죠. 음악을 사랑하는 사람들끼리 만든다는 애착이 있어요. 성원이 커질수록 좋은 지원자들이 뽑힐 거라 생각해요. 재능 있는 분들이 그 진심을 믿고 많이 지원해 주셨으면 좋겠어요."

음악이 좋아서 음악방송PD가 됐다는 그가 있기에 오늘의 '슈퍼스타'들이 탄생했고, 내일의 '슈퍼스타'들이 탄생할 것이다.

> **"**
> ## 열정적으로 준비하고
> ## 절박해져야 해요
> **"**

앞으로의 《슈퍼스타K》가 어떻게 진화할지 궁금해 하는 분들이 많습니다. 전체적으로 지향하는 점은 무엇인가요?

앞선 시즌에 비해 다양성과 개성을 강화할 계획입니다. 오디션 프로그램을 통해 가요계에 긍정적인 영향을 끼친 가장 큰 부분은 지망생들의 폭이 넓어졌다는 것이에요. 현 가요계의 대세는 부정할 수 없이 아이돌입니다. 하지만 이들 틈에서도 《나는 가수다》 같은 프로그램을 통해 '레전드'급의 가수에 대한 조명도 함께 이뤄지고 있습니다. 실력 있는 아이돌부터 '레전드'급으로 성장할 유망주까지 다양한 신인을 뽑는 자리가 바로 《슈퍼스타K》가 돼야 한다고 생각합니다.

미션을 진행하면서 발라드를 부르는 전형적인 보컬리스트 위주로 편중되고 있다는 지적을 받았던 것이 사실입니다. 그래서 장르나 구성에서 바꿔보려는 시도를 가장 중요한 핵심으로 두고 있습니다.

어떠한 시도를 할 계획인지.

아카펠라 그룹이나 록밴드 그리고 듀오 참여자들이 최종 우승까지 바라볼 수 있는 플랫폼의 역할을 해야 한다는 거죠. 오디션은 어쩔 수 없이 경쟁 포맷으로 구성해야 하는데 미션에서 불리했던 것을 보완하려고 합니다. 쉽게 설명하자면 다음 단계로 넘어갈 때두 완성도를 갖춘 팀이라면 한 팀의 형태를 유지할 수 있도록 할 생각입니다. 물론 톱10 이상에 들어갈 정도로 실력이 있는 팀이라는 것이 전제가 되겠죠. 솔로와 그룹을 1:1로 단순비교하기 어렵기 때문에 공정한 전형절차를 만들고 있습니다.

Audition

거꾸로 그룹이나 밴드가 유리할 수도 있겠네요.

아뇨. 그들에게 가산점은 없어요. 만약 그렇게 된다면 솔로 지망생들에게 역차별이 되겠죠. 다만, 악기를 써서 할 수 있다는 건 싱어송라이터가 가능하다는 얘기겠죠. 작사와 작곡을 자유자재로 할 수 있는 친구들에게 그 재능을 펼칠 기회를 열어두겠다는 관점으로 이해하시면 돼요. 지역 예선부터 키보드와 드럼을 세팅해서 진행합니다. 악기를 연주하면서 노래하는 데 불편함이 없도록 말이죠. 꼭 그룹이 아니라 피아노를 비롯한 악기를 연주하면서 오디션에 응하는 사람들이 유감없이 재능을 발휘하도록 한다는 취지입니다.

가수 오디션의 화제성이 높아지면서 이를 대비한 '속성 과외'가 등장했더군요. 알고 계시나요?

잘 알고 있죠. 그만큼 관심이 높다는 것은 감사한 일이지만 학원비가 다소 높은 것 같아 걱정이 되기도 해요. 결과적으로 말씀 드리자면 목소리를 가다듬고 향상시키는 차원이라면 약간의 도움을 받아도 좋겠지만 단기간의 과외가 결코 오디션 통과를 보장할 수 없다는 점을 알았으면 합니다.

단기간에 준비하기에는 미션들이 너무 많아요. 심사위원들이 다각도로 평가한다는 점도 그렇고요. 성향이 각기 다르기 때문에 지원자가 가지고 있는 역량이나 소양이

잘 걸러지고 있는 것 같아요. 기본적인 소질과 재능이 없다면 과외를 받아도 두세 개의 미션을 통과하기 어려울 거라 장담해요.

지원자 입장에서는 속성 과외도 해결을 못해준다면 오히려 답답할 것 같은데 어떻게 준비하면 좋을까요?

열정적으로 준비하는 것이 가장 중요한 것 같아요. 얼마나 이 오디션이 자신에게 절실한가가 그대로 전해져 오거든요. 이런 절박함은 아무리 포장하려고 해도 흉내 낼 수 없는 것 같아요. 학원을 다니거나 과외를 받는 등의 준비과정이 없더라도 많은 친구들이 본선에 당당히 올라갈 수 있는 이유도 여기에 있죠.

원석에 가까운 친구를 선호하는 부분은 있어요. 흔히 들었던 목소리나 오래된 기교를 부리는 지원자는 상대적으로 저평가 받죠. 이승철 심사위원도 늘 강조하시지만 타고난 소스가 좋은 분이면 좋죠. 많이 몰리는 장르보다 독보적인 희소성을 가진 분이면 눈에 띄겠죠.

사실 오디션장에서 눈을 감고 들으면 남자 지원자들은 바이브나 포맨 같이 가창력이 좋은 가수들의 노래를 주로 불러요. 가창력을 뽐내고 싶은 건 좋지만 그들의 음색을 흉내 내는 건 의미가 없죠. 이건 미션마다 자신의 색으로 노래를 소화해냈던 존박이나 장재인이 본선에서 두각을 나타낸 이

유이기도 해요.

체력도 상당히 중요하다고 들었어요.

방송이라는 일이 워낙 기다림과의 싸움이죠. 체력 소모도 엄청나죠. 지원자들이 잘 견뎌냈어요. 합숙생활에 의연하게 잘 대처하는 친구들이 자기관리도 잘 하는 것 같아요.

지원자의 개인적 스토리가 화제가 됐어요. 배관공인 허각이나 불우한 학교 생활을 경험한 장재인 같은 캐릭터를 표출하는 지원자가 다시 나올까요?

기구한 사연을 가졌는데 실력까지 좋았던 친구들을 만난 건 천운 같은 일이었죠. 《슈퍼스타 K》가 기본적으로 좋은 점 중에 하나는 심사위원의 말 한마디도 화제가 되지만 그보다 참가자가 빛이 나는 오디션이라는 점 같아요. 허각이나 장재인 같은 친구들의 사연은 어느 날 갑자기 만들어진 게 아니라 우리 주변에서 한번쯤 접했던 이야기 같아요. 제 생각에는 모든 사람들이 노래에 얽힌 저마다의 사연이 있기 마련이죠. 절절하면서도 열정을 드러내는 이야기들은 사실 억지성으로 제가 만든다고 시청자들이 공감하지 않아요. 소소한 이야기도 진솔하게 풀어낼 때 파급력도 커지죠. 그런 사연을 노래와 결부시켜주고 캐릭터화

하는 것이 제 몫이고, 지원자들이 믿고 맡겨 주신다면 어느 정도 잘 해낼 수 있다는 보장을 드리고 싶네요.

수백만 명의 지원자 중 우승자는 한 명입니다. 우승하는 사람의 특별한 점이 있다고 생각합니까?

발전 가능성이 크면 클수록 시청자에게 주는 대리만족의 쾌감이 크게 느껴지는 것 같아요. 서인국이나 허각 두 친구 모두 그렇죠. 특히 허각은 발라드 가수가 보여줄 수 있는 가창력과 곡 해석력 그리고 감정 표현이 탁월한 것 같아요. 느린 곡만 잘 할 줄 알았는데 〈조조할인〉이나 〈사랑비〉 그리고 〈하늘을 달리다〉 같은 노래에서도 흔들림 없이 폭발적인 에너지를 뿜어냈어요. 무엇보다 자신감 있게 어떤 노래든 자기 식으로 부르는 게 사람들의 호감을 얻는 데 중요한 요인이 됐죠. 그 친구 자체가 노래밖에 없겠구나 싶은 구석이 있어요. 그런 모습이 무대를 통해서 그대로 시청자에게 전달이 된다고 생각해요. 눈을 감고 들어도 눈을 뜨고 들어도 그만의 흡입력이 있거든요. 전 이걸 가사전달력이라고 생각하는데 오디션이라는 특수 상황에는 아무래도 이런 요인이 크게 작용하죠.

그렇다면 가장 아쉬운 탈락자는 누구였는지.

예선에서는 타란튤라가 가장 생각이 나네요. 한 팀으로 미션을 받았다면 더 실력발휘를 했을 거라 생각해요.

본선에서는 김지수가 떨어졌을 때도 제작진이 아쉽다는 얘기를 많이 했어요. 가진 역량을 더 보여줄 수 있었을 텐데 하는 아쉬움이죠. 이후 미션을 김지수가 했다면 만족스러운 결과물들이 나왔을 것이라는 생각도 들고요.

댄스퍼포머들은 본선 초반에 탈락하는 경우가 많아요. 장르나 유형의 한계가 생길 수밖에 없는 미션 구성이라는 지적도 나오는데.

역시 아쉬운 부분이죠. 하지만 댄스퍼포머가 불리하다고 생각지는 않아요. 이승철 씨 경우는 춤을 추면서 노래를 부르는 걸 높게 평가하는 대표적인 심사위원이거든요. 라이벌 미션에서 맞붙었던 김소정이나 이보람이 함께 초반에 떨어진 것은 지원자의 유형 문제가 아니었어요. 결과적으로 시청자에게 자신을 어떻게 어필하느냐가 관건이라고 생각해요. 시즌1에서 길학미 같은 경우는 오래 선전을 했습니다.

심사위원들도 다양한 개성을 중시해야 한다는 데 동의하고 있어요. 특정 유형이 아니라 다양한 지원자들이 골고루 본선에 오를 수 있도록 여러 장치를 고민하고 있죠.

《슈퍼스타K》의 궁극적인 목표가 궁금합니다.

많은 분들이 묻는 질문이기도 하죠. 하지만 이 프로젝트의 엔딩 그림은 소박해요. 이 프로그램이 추구하는 마지막 그림은 '노래를 통한 소통'이에요. 프로그램 미션 중에 존박이 선생님에게 이런 얘기를 해요. 자기 얘기에 귀기울여줘서 정말 고마웠다고. 사람들은 각자 이야기를 하고 부르고 싶은 노래를 부르잖아요. 하지만 그 말과 노래로 사람의 마음에 다가가는 과정을 담고 싶었어요.

우승자가 나오고 누군가 떨어지는 냉혹한 곳이 오디션이기도 하지만 승자도 패자도 화제가 되는 포맷이에요. 우승자가 독식하는 포맷은 절대 아닌 거죠. 1등이 빛나는 것도 좋지만 시청자들이 함께 보고 음악에 대해 이야기하고 가요계 전체에 관심을 가지는 걸 목표로 해요. 한 가족이 프로그램을 보고 노래방으로 가는 모습이요. 부자간에 대화가 트이고 가족이 함께 노래하는 모습을 상상하면서 이 프로그램의 방향성을 고민하곤 합니다.

반드시 등장한다고 단언할 수는 없다. 하지만 알아두면 나쁘지 않을 미션이 있다.

주로 생방송 순서를 결정하거나 의외의 선물을 주기 위해 진행되는 작은 미션들이다. 흥미 요소가 다분하고 평가 분야가 뚜렷하다. 무엇보다 지원자를 난감하게 만드는 미션이다.

당락을 가리는 주요 미션은 아니지만 돌발적으로 진행되는 미션들은 지원자들이 긴장을 놓지 못하게 만든다. 가족과의 통화나 자유 시간 보장 등의 포상을 내걸어 지원자의 경쟁을 유발시킨다.

무엇보다 우승자가 본선에서 노래할 순서를 결정하도록 하는 점은 매력적인 특혜다. 자신이 원하는 순서에 무대에 오른다는 것은 극도의 긴장과 싸우는 지원자에게 커다란 심적 위안이 될 수 있다. 그래서 지원자는 가능하면 작은 미션에서도 우승하도록 전력을 다해야 한다.

★ 신인 작곡가 미션

신인 작곡가가 만든 노래에 지원자가 가사를 붙이는 미션은 역시《슈퍼스타K》시즌1, 2에 모두 등장한 단골 미션이다. 이 미션은 작사가 자격으로 작곡가와 공동 작업을 펼쳐야 하는 특징이 있다.

스태프와 협업 과정은 때론 지원자의 희비를 엇갈리게 한다. 시즌1 박세미는 신인 작곡가와 의견 충돌을 빚으며 미션에서 탈락하는 모습을 보였다. 이와 달리 조문근은 여성 작곡가와의 호흡을 과시하며 미션에서 우승을 차지했다. 작곡가와의 협업 과정이 시청자 평가에 그대로 반영된 경우다.

신인 작곡가 미션은 시즌2에서 작사를 겸하는 선배 가수가 멘토로 합류했다. DJ DOC의 이하늘과 윤건, 그리고 김윤아 등이 참여했다. '외아들' '고백' '콤플렉스' 등을 주제로 지원자는 이들에게 도움을 받아 가사를 썼다.

멘토들은 지원자의 삶이 가사에 투영돼야 한다는 점을 강조했다. 대신 자신만의 표현 방식을 고수하기보다 누구나 공감할 수 있는 쉬운 표현을 권했다. 지원자는 자전적인 삶을 가사로 표현하면서 캐릭터를 구축할 수 있었다. 애틋한 가족애, 아련한 연인에 대해 지원자들이 가사로 표현하기 때문이다.

실력 있는 뮤지션을 선발한다는 오디션 취지에도 부합하는 미션이다. 또한 신인 작곡가와 협업하는 과정을 통해 프로의 세계를 맛보기도 한다. 미션을 통해 스태프와 의견을 조율하며 작업하는 방식을 배우게 된다.

★ 뮤지컬 미션

뮤지컬 미션 역시 《슈퍼스타K》 시즌1, 2에서 모두 진행됐다. 각각 〈스프링 어웨이크닝〉와 〈톡식 히어로〉의 한 대목을 재현하도록 했다. 주된 평가 기준은 무대 위 표현력이었다. 짧은 준비기간에 배우들과 호흡을 맞춰 얼마나 무대에 빨리 적응하는가를 함께 평가했다. 두 기준 모두 가수가 프로 무대에서 반드시 가져야 할 덕목이다.

대부분의 지원자는 상대 배우와 신체 접촉을 소화하지 못하고 연기하는 걸 쑥스러워했고 감정에 완전히 몰입하지 못했다. 포상이 걸렸다는 사실을 감안하면 의외의 모습이다.

뮤지컬은 음악과 연관성이 높다. 하지만 지원자들이 적응하지 못하고 당혹감을 드러냈다. 안타깝지만 이 때문에 뮤지컬 미션은 향후 시즌에도

충분히 등장할 가능성이 높은 미션 가운데 하나다.

지원자들은 능숙하게 미션을 소화해내는 모습을 보여야 한다. 담력을 키우고 적극성을 띠어야 한다. 준비기간이 짧고 낯선 무대지만 순간에 몰입해 캐릭터를 구현해내야 한다. 멋쩍어 쑥스러워하고 대사를 잊는 모습을 보인다면 뮤지컬 미션뿐만 아니라 어떠한 미션도 통과하기 어려울 것이다.

★ 외국인 청중 미션

뮤지컬 미션만큼이나 지원자를 난감하게 하는 미션이 바로 외국인 청중을 대상으로 하는 공연이다. 외국인 전용 클럽과 주한 미군 부대에서 외국인을 모아놓고 지원자들이 공연을 벌였다.

영어에 약한 지원자라도 아는 단어를 총동원해 객석의 호응을 이끌어내야 한다. 엉터리 표현을 사용해 우스꽝스러운 사람이 될 수도 있다. 그러나 진정한 가수가 되고자 한다면 언어의 장벽을 뛰어넘는 노래의 힘을 보여줘야 한다.

시즌1에서 유일하게 영어에 능통한 정선국이 1위를 차지한 것과 달리 시즌2에서는 '영어 울렁증'이 심한 허각이 가장 높은 호응을 받았다. 그만큼 영어 실력과 무대 호응도는 상관관계가 낮다.

이 과정은 외국어 미션으로 위장한 담력평가 과정이다. 무대 규모에 압도당하지 않고 언어의 장벽에도 주눅 들지 않고 얼마나 무대와 청중을 장악하는지를 평가하는 과정이다. 가사를 순간적으로 잊어 '외계어'나 즉흥 허밍으로 노래를 마무리하고도 좋은 반응을 얻기도 한다.

05

스타 오디션,
원포인트 레슨

1
꿈은 뜨겁게, 준비는 냉정하게

숱한 오디션을 경험해왔다. 정말 '꿈 덩어리'들이라 부를 수밖에 없는 젊은이들을 매일같이 봐왔다. 그들을 감독하고 평가하는 것이 나의 일이다. 그 중 몇몇은 심사위원의 선택을 받아 차근차근 스타의 코스를 밟게 된다. 하지만 대부분은 탈락해 다음 기회를 노린다. 솔직히 말하자면 대부분의 오디션에서는 합격자가 아예 없는 경우가 더 많다. 어쨌든 청운의 꿈을 안고 오디션에 참가한 꿈 덩어리들에게 '노NO'라고 말하는 게 이제는 내 일상이 돼버렸다.

일상은 반복되고 익숙해지는 거지만, 아직도 남을 평가하는 일이 버거울 때가 많다.

'혹시 내가 미래의 마이클 잭슨을 몰라본 건 아닐까?'

'나중에 지옥에 가면 내가 떨어뜨린 가수 지망생 수만큼 바늘에 콕콕

찔리지 않을까?'

　심사위원도 사람이기에 별별 고민이 많다. '거절'은 당하는 쪽도 기분 나쁘지만, 하는 쪽도 그리 유쾌하지는 않다. 그럼에도 이 일을 하는 이유는 값진 만남도 많기 때문이다. 특히 평가 중이라는 사실을 잊게 해주는 지원자는 최고다. 그런 지원자들에게선 뜨끈뜨끈한 열정이 느껴지고, 노래나 춤을 지켜보는 동안 내가 동화된다. 당장의 실력이 모자라는 경우도 많지만 합격 여부는 둘째 문제다. 그 순간을 즐기는 행복이 확인되면 내 가슴도 뛴다. 도전이 아름답고 열정이 고귀한 이유다.

　많은 오디션 프로그램이 생겨났다. TV가 꿈을 이뤄주는 세상이 됐다. 그럼에도 가수가 되는 정도는 달라지지 않는다. 많은 이들은 내게 가수가 되는 길을 묻는다. 그때마다 이렇게 말해주곤 한다.

　"열정이 최고다. 하지만 확실한 목표와 치밀한 준비가 없다면 말짱 도루묵이다."

　오디션 프로그램에 도전한다면 자신의 준비 정도를 파악하는 게 먼저다. 단기간에 모두가 1등이 되기 위한 프로그램이다. 준비가 부족하다면  다음 기회를 노리길 부탁한다. 물론 많은 응시경험은 단 한 번의 합격에 도움이 될 수는 있다. 하지만 그것이 합격을 보장하지는 않는다. 오히려 실패의 상처에 자신감이 날아가기도 한다. 내 길이 아니라고 꿈을 꺾고 포기하는 경우도 많이 봤다.

195

분명히 실패는 성공의 어머니다. 위인전집을 봐도 실패 없이 성공의 고속도로를 달린 위인은 단 한 명도 없다. 하지만 조급한 마음에 오디션장만 찾아다니는 오디션 중독에 빠져서는 곤란하다. 오디션을 하나 포기하고 그 시간에 응시 준비를 제대로 하는 게 훨씬 이익이다.

대부분 사람들이 자신은 이미 준비가 돼 있다고 생각한다. 그래서 '노NO'라는 말을 들을 때 받는 충격이 크다. 마치 테러를 당한 세계무역센터 빌딩이 무너지듯, 우르르 마음속의 무언가가 허물어진다. 당신은 이런 참사를 면해야 한다.

먼저 사전 데이터를 얻는 게 중요하다. 스스로의 주관적 판단이 아닌 주변의 객관적 평가가 필요하다. 나에 대해서는 나보다 남이 냉정한 법이다. 나 역시 곡을 쓸 때마다 주변 사람들에게 들려준다. 관계가 긴밀할수록 냉철한 피드백이 돌아온다. 안 좋다고 고치라는 말을 들을 때마다 가슴이 따끔거린다. 하지만 나를 위한 조언에 짜릿함도 느낀다.

"내 주위에는 음치랑 막귀들 밖에 없어요."

아마 이렇게 말하는 사람도 있을 것이다. 정 주변인을 못 믿겠다거나 묻기가 주저된다면 소규모 오디션이나 온라인 콘테스트에 지원하기를 바란다. 최근에는 UCC를 통해 누구나 쉽게 참여하고 평가할 수 있다. 생판 모르는 이들의 살벌한 반응을 보며 자신의 위치를 확인하길 바란다. 아마 얼굴이 후끈거리고 발가벗겨진 듯한 기분이 들 테지만, 당신

이 우상으로 섬기는 가수들이 남몰래 받아왔던 굴욕에 비하면 아무것도 아니다.

어느 정도 실력을 갖췄다면 '평가의 주인'에게 열정과 욕심 그리고 야망을 전달하는 데 집중해야 한다. 이는 오디션 프로그램이나 대형 기획사의 오디션 모두 마찬가지다. 30초도 안 되는 시간에 음악을 좋아하고 모든 것을 바칠 수 있다는 마음이 전달돼야 한다.

심사위원의 입장에서 가장 중요하게 보는 것은 눈빛이다. 의외로 많은 지원자들이 심사위원의 눈을 피하고 노래한다. 하나를 보면 열을 알 수 있다. 가수로 성장하면 방송 카메라 앞에서, 숱한 관객 앞에서 노래를 해야 한다. 심사위원의 눈도 못 볼 정도라면 더 이상의 평가는 무의미하다.

또렷하게 심사위원의 눈을 노려보는 이들은 뭔가 살아 있다는 것이 느껴진다. 끼가 느껴지고 당당함이 전해진다. 어떤 무대 상황에도 기본 실력을 보일 수 있겠다는 믿음이 생긴다. 이들은 당장이 아니라도 그 언제가는 합격의 영광을 얻을 것이다. 그에 반해 혼자 연습할 때는 수준급인 이들이 있다. 하지만 오디션 무대에만 서면 실력발휘가 안 된다. 긴장을 이기지 못하고 부담을 떨치지 못한다. 미안하지만 그게 실력이다. 더 정확히 말하자면 준비 부족이다.

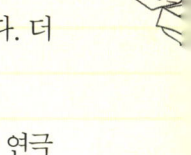

짧은 시간에 그 모든 것을 이야기해주는 것이 눈빛이다. 그래서 연극

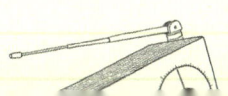

배우들은 눈 화장을 짙게 하고, 만화가들은 캐릭터를 그릴 때 눈을 크게 그린다. 캔디처럼 눈이 커질 수는 없지만, 어느 무대에서도 눈빛만큼은 광선을 쏘듯 당찬 모습이길 바란다.

❶ 기획사 오디션

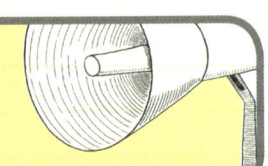

1 즉시 전력감임을 강조하라
2 로열티를 확인하라
3 당신만의 원투 펀치를 날려라

대형기획사의 오디션은 상시적으로 열리고 있다. 전국 투어를 벌이며 지망생을 맞이하는 회사도 많다. 기획사 오디션을 노린다면 준비가 많이 됐다는 걸 보이는 게 중요하다. 즉시 전력감의 상품성을 지녔다는 걸 단박에 보여주는 것이 무엇보다 중요하다.

노래와 춤은 기본이다. 여기에 정돈된 말투와 세련된 행동을 보여주면 좋은 인상을 남긴다. 다만 자신의 실력을 과시하듯 보여선 곤란하다. 무언가에 갈급한, 스타가 되고 싶어 부글부글 끓고 있다는 느낌을 주어야 한다.

초반에 담당자의 호감을 얻어야 한다. 자신이 이 회사에 왜 들어가야

하는지 말하자. 어떤 가수가 되고 싶은지 또렷하게 밝히자. 지금이 아니면, 또 이 회사가 아니면 안 된다는 절실함을 보여야 한다. 로열티를 보일수록 심사위원의 마음은 흔들린다.

여기서 얘기하는 상품성은 자신만의 색깔이다. 기존 가수들과 다른 무언가를 가졌다면 당당하게 꺼내 보여라. 당돌하고 기백이 넘치면서도 예의에 어긋나지 않는 게 포인트다. 허락된 시간이 많지 않다는 것도 잊지 말자. 다양하게 여러 가지 준비하기보다 임팩트 있는 원투 펀치를 꺼내야 한다.

❷ 일반인 참가 오디션 프로그램

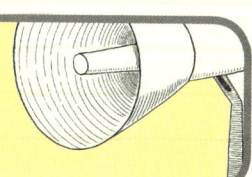

1 낯설고 신선한 인물임을 강조하라
2 미션 모니터는 기본이다
3 유명세에 대한 마음 준비를 하라

기획사 오디션에 비해 나이와 연령의 폭이 넓다. 중요한 것은 오디션이 방송 소재라는 태생을 잊지 말라는 거다. 방송 출연에 부적합한 인물은 도전조차 불가능하다. 대신 특이한 사연을 가졌다면 주목을 받을 수 있다. 방송은 특이하고 새로운 것만 보면 스토커처럼 집착한다. 오디션 프

로그램에서 주류 음악보다 비주류 음악이 환영받는 것도 그 이유다.

철저하게 시청자들의 입장에서 생각해라. 사람들이 완성된 가수들이 나오는 프로그램들을 놔두고 오디션 프로그램을 보는 이유는 뭘까? 평범한 동네 언니, 동네 오빠 같은 이들이 하루하루 성장해 스타가 되는 모습을 보며 시청자들은 감동하는 것이다. 대리만족을 느끼고 미숙한 그들이 발전한 것처럼 나도 무언가 할 수 있다는 희망을 얻는 것이다. 그래서 오디션 프로그램에서는 당장 시장에 내놓아도 될 완성도보다는 다듬으면 놀랍게 변신할 가능성에 집중한다.

여기에 더해 방송은 재미를 위한 각종 미션을 만든다. 순발력과 적응력이 요구된다. 《아메리칸 아이돌》《브리튼즈 갓 탤런트》등 유명 오디션 프로그램을 면밀하게 모니터링하는 것이 큰 도움이 될 것이다.

생방송 무대를 통해 전 국민에게 얼굴을 알릴 수 있다는 것도 장점이다. 하지만 진정한 의미의 프로가 된 것은 아니다. 입상을 해도 기획사에 편입돼 연습생으로 재교육을 받을 가능성이 높다. 신인이지만 신인이 아닌 정체성으로 혼란을 겪기도 한다.

단기간에 연예인 대접을 받으면서 생활의 변화도 만만치 않다. 물론 고된 연습생 생활을 거쳐도 데뷔하지 못한 이들에게는 배부른 고민이기도 하다. 하지만 거대한 파도와 같은 일상의 변화를 준비 없이 맞이한다면 모진 가슴앓이를 할지도 모른다.

2
연습벌레가
기적을 만든다

이 세상에 나와 얼굴이 닮은 사람들은 꽤 있을지 모르지만 나와 지문이 똑같은 사람은 없다. 지문은 나를 입증하는 확실한 증거다. 그런데 인간에겐 나와 남을 구별하게 만드는 또 하나의 신체기관이 있다. 바로 성대다. 지문만큼 목소리도 제각각 다르다. 그런데 아름다운 지문은 없지만, 아름다운 목소리는 분명 있다. '노래는 타고 나야 한다'는 말도 그래서 나온 것이다.

선천적으로 좋은 성대를 타고 난 이들은 듣고 싶은 소리가 나온다. 이들에게 가수는 상대적으로 유리한 직업이다. 하지만 후천적인 노력으로 성대를 자유자재로 움직이는 이들도 있다. 피를 토하는 연습 끝에 재능으로 따라 할 수 없는 값진 소리가 나온다. 그래서 신은 공평하다고 했다.

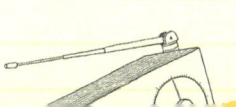

오디션 프로그램 지원을 앞둔 당신에게 이런 얘기를 하는 것은 공평한 신을 찬양하기 위해서가 아니다. 재능을 타고 나는 이들은 1%가 채 안 된다. 이들도 숱한 노력 끝에 무대에 오른다. 99%에 속했다면 더욱 독한 근성으로 무장해야 한다. 소질이 없다고 원망한다면 당신은 오디션 도전자로서 자격 미달이다.

1%가 아니라고 좌절할 일이 아니다. 타고난 재능으로 탄탄대로를 밟아가는 톱스타는 드물다. 아예 없다고 봐도 무방하다. 99%에 속한 당신이 아름다운 도전을 시작할 수 있는 이유다. 기적을 만들 수 있다. 당신은 99%의 연습벌레다.

① 나만의 음색을 찾아라

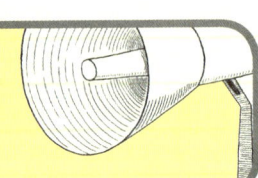

1 목소리를 알아야 한다
2 녹음해서 확인하라
3 반주 없이 노래 없다

모든 사람의 성대 모양은 다르다. 이를 울리는 방식도 다르다. 따라서 모든 사람의 목소리 톤도 다르다. 같은 노래라도 다른 느낌으로 전해지는 것은 이 때문이다.

안타깝게도 타고난 음색이 매력이 없는 사람들이 있다. 더 안타까운 건 자신의 음색이 매력이 있는지 없는지조차 모르는 이들이 대부분이라는 사실이다. 가수 지망생 중에도 원래 자기 목소리를 모르는 사람이 의외로 많다. 자신의 전화 목소리를 듣고 깜짝 놀라기도 한다. 매력 없는 음색을 지니고도 운을 탓하는 이들의 탄생 배경은 여기에 있다.

이는 가수 지망생의 탓만은 아니다. 실용음악 교육 시스템의 문제다. 호흡이나 발성 등 기초를 다지기보다 노래를 위주로 가르쳐온 것이다. 결국 악순환이 이어진다. 원곡을 부른 가수의 창법을 자연스럽게 따라 하고, 반복 학습에 따라 노래가 익숙해지면, 자신이 원곡을 부르는 가수처럼 됐다는 착각에 빠지는 것이다.

물론 노래 실력은 크게 늘지 않는다. 특정 노래를 부르는 데 익숙해질 뿐이다. 하지만 세상 모든 노래를 그런 식으로 마스터할 수는 없다. 물고기를 잡는 방식을 배우지 못하고 잡아준 물고기만 모으는 꼴이다.

무엇보다 이런 악순환의 과정을 통해 자신의 목소리를 영영 찾지 못한다는 점이 아쉽다. 노래를 잘한다는 가수의 목소리와 기교를 따라 하는 데 급급하기 때문이다. 자신의 음색을 알아가는 것은 무엇보다 중요하다. 오디션에 참여하는 사람이라면 더욱 그렇다.

가장 좋은 방법은 녹음이다. 스스로의 목소리를 듣고 특성을 알아야 한다. 어떤 소리를 낼 수 있고 불안한 점은 무엇인지 알아야 한다. 결국

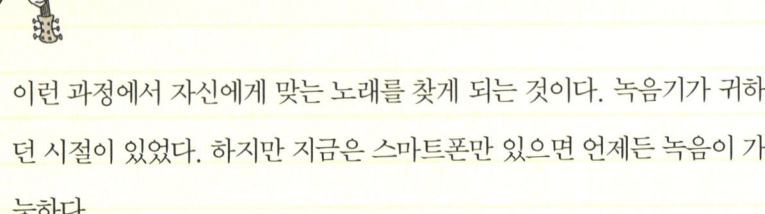

이런 과정에서 자신에게 맞는 노래를 찾게 되는 것이다. 녹음기가 귀하던 시절이 있었다. 하지만 지금은 스마트폰만 있으면 언제든 녹음이 가능하다.

난 연습생에게 녹음을 자주 해보라고 말한다. 다른 가수의 가이드 곡을 녹음할 때도 일부러 연습생에게 기회를 준다. 녹음 테크닉을 익히기도 좋지만 자기 목소리를 알아가는 과정이 얼마나 중요한지 알기 때문이다.

여기서 한 가지 명심할 게 반주와 함께 연습을 해야 한다는 점이다. 반주 없이 노래하는 것은 좋지 못한 습관이다. 음정과 박자가 흔들릴 수 있고 무엇보다 자신의 목소리를 모니터링할 수 없다. 자신의 목소리가 반주와 어떻게 조화를 이루는지 확인하면서 노래를 불러야 한다.

신인 가수일수록 자신의 모니터 소리를 키워달라는 경우가 많다. 자신의 소리에 자신이 없고 노래에 매몰된 경우다. 반주를 이해하고 완급 조절을 하는 습관을 키워야 노래를 맛있게 부를 수 있다.

모창이 자신의 음색을 찾는 데 도움을 준다는 주장도 있다. 내 생각에 모창의 목적에 따라 그 결과도 다른 것 같다. 막연하게 창법을 복사하는 개념이라면 곤란하다. 가수마다 특유의 창법이 있다. 그 창법을 소화하며 자기 목소리와 결합됐을 때 어울리는 소리를 찾는다면 모창도 자신의 톤을 찾는 하나의 방법일 수 있다.

❷ 호흡과 발성

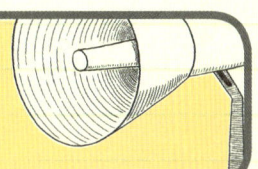

1 호흡의 날개를 달아라
2 두성과 흉성을 구분하라
3 발성을 변주하라

올바른 호흡은 노래에 날개를 달아준다. 바른 자세에서 바른 호흡법으로 노래하는 법을 터득한다면 발성과 호흡에 큰 도움이 된다.

기본적으로 허리를 곧게 펴고 가슴을 평평하게 편 자세를 유지한다. 들숨과 날숨을 반복하며 몸 안에 공기가 어떻게 들어가는지를 느끼는 것이 중요하다.

이 과정이 익숙해지면 숨을 천천히 마시다가 멈춰보자. 명치가 찌릿함을 느낄 때까지 반복해보자. 천천히 마시고 천천히 목구멍을 열어 공기를 뿜어낸다. 입으로도 코로도 해보자. 가슴 명치가 수축과 팽창하는 것을 느낀다면 제대로 호흡하는 것이다.

익숙해지면 풍선을 불듯이 바람을 천천히 들이마시자. 뱃속에 풍선이 팽팽해지고 갈비뼈가 자리를 잡는 느낌을 받을 것이다. 천천히 일정하게 들숨과 날숨을 조율하는 것이 중요하다.

호흡법은 단시간에 완성되지 않는다. 경우에 따라 6개월 이상 호흡법

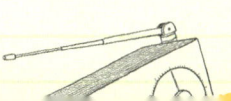

만 연습하는 이도 있다. 꾸준히 습관이 되도록 연습하는 것이 중요하다. 호흡을 가다듬었다면 이제 소리를 위에 얹자.

발성은 말 그대로 소리 내는 방법을 뜻한다. 노래를 부르는 데 가장 기초적인 부분이다. 역시 단기간에 배울 수 있는 부분이 아니다. 꾸준한 연습으로 더디게 터득할 수 있다. 실제로 발성법을 제대로 배워도 노래 실력이 눈에 띄게 달라지지 않기 때문에 가르쳐주는 사람도 꺼려하고 배우는 사람도 답답해서 포기하는 것이 발성이다.

중요한 것은 각기 발성법을 터득해야 한다는 점이다. 발성에는 모범답안이 없다. 위치에 따라 소리는 다르게 변형돼 입 밖으로 나온다. 다만 안정적으로 호흡하고 발성을 한다면 노래 표현에 큰 도움을 받을 수 있다. 호흡이 달리지 않아 여유가 있고 성량이 높아진다.

안정된 발성을 하는 사람이 고음역을 낼 때 머리 전체가 울리는 느낌을 받는데 이를 서양 음악에서 두성頭聲이라 한다. 정수리 부분을 시작으로 뒤통수까지 울리는 소리다. 두성은 인체의 공명共鳴 현상을 이용한 발성법으로 호흡을 끌어올려 머리 위로 낸다는 느낌을 받는다. 보컬 트레이너들이 '뚫는다'는 표현을 쓰는 것은 이 때문이다. 두성은 울리는 면적도 크고 소리가 퍼져나가는 힘도 세다. 팝·록·R&B 등의 장르에서 고음 발성 시에 사용된다. 가수 사이에서도 제대로 내는 이들이 드물고 오랜 시간 연마가 필요하다.

스타오디션 원포인트 레슨

올바른 발성을 구사하는 사람이 일반 목소리 톤이나 더 굵은 톤의 소리를 낼 때 가슴을 울리는 듯한 느낌을 받는 것을 흉성胸聲이라고 한다. 보다 정확히 짚어 말하자면 가슴 위쪽 식도가 울리는 느낌을 받는다. 호흡으로 내는 소리이기 때문에 주로 저음을 발성할 때 사용된다.

마지막으로 비성鼻聲은 호흡을 끌어올려 콧등으로 몰아서 내는 소리다. 정수리 전까지 비강의 앞부분을 울려 낸다. 주로 진성으로 중음을 낼 때 사용된다. 비성도 공명 현상을 이용한 발성법이기 때문에 넓은 의미에서 두성이라 할 수 있다.

노래를 꾸준하게 불렀다면 두성과 흉성을 구분하기는 어렵지 않다. 다만 이를 콘트롤하는 것은 난도가 높다. 한 노래 안에서 두성으로 부르다가 흉성으로 바꿔 부르는 것이 어렵단 얘기다. 노래를 완벽하게 표현하기 위해서는 완급조절이 필요한데, 두성과 흉성을 자유자재로 오가는 것이 바로 실력의 차이다.

소수의 심사위원이 다수의 지원자를 짧은 시간에 평가한다는 오디션의 특성상, 일정한 톤으로 노래 한 곡을 부르는 건 위험하다. 집중력이 떨어지고 피곤함을 호소하는 심사위원이 많기 때문에 좋은 결과를 얻기 어렵다.

《나는 가수다》의 박정현이 좋은 예다. 발성을 자유자재로 변화를 주며 부르기 때문에 노래가 지루하지 않고 변화무쌍한 감정이 느껴진다.

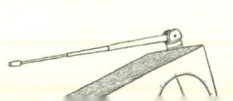

가수들 사이에서는 이럴 때 "사람들의 마음을 가지고 논다"고 표현하기도 한다. 호흡을 빼면서 저음으로 관객을 집중을 시키다가 두성을 써서 시원한 소리를 터뜨릴 때 관객들은 절로 탄성을 지른다.

　　오디션에 지원하는 사람이라면 박정현 같은 기성 가수의 노래를 들으면서 어떤 대목에 어떤 발성을 사용했는지를 구분하며 듣는 습관을 가져야 한다.

❸ 고음과 가성

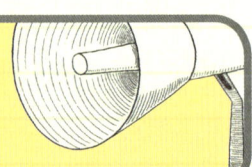

1 원키의 자존심을 버려라
2 고유의 음역대를 찾아라
3 고운 소리를 뽑아내라

《나는 가수다》여파로 고음역을 소화하는 가수가 곧 노래를 잘하는 가수라고 생각하는 경향이 짙어졌다. 하지만 이는 매우 잘못된 생각이다. 고음이 올라가는 것에 따라 노래를 잘하고 못하고를 평가하는 사람은, 한마디로 음악을 모르는 사람이다.

　　고음에 대한 대중의 환상 때문에 애꿎은 가수들만 혹사당하고 있다. 자신의 음역대에 맞는 노래를 소화해야 하는데, 자의반 타의반 무리해

서 음역대를 높이고 있다. 유독 국내 가수들만 성대결절에 취약한 이유도 이런 분위기와 관련이 있다.

고음을 추앙하는 문화는 생활 속에서 발견된다. 노래방 문화가 발달하면서 사람들은 원곡의 키로 부르는 것에 대해 출처 없는 자부심을 느낀다. 암암리에 '원키=노래짱'이라는 말도 안 되는 등식이 통용되고 있기 때문이다.

하지만 절대적인 음역은 중요하지 않다. 발성을 잘하면 소화하는 음역은 높아질 수 있다. 전문적인 교육을 받으면 반음씩 올릴 수 있다. 두성과 비성을 어떻게 쓰느냐에 따라 음역대는 얼마든지 달라질 수 있다. 억지로 고음을 내는 것에 집착할 필요가 전혀 없다. 중저음의 매력적인 음색을 가진 훌륭한 가수가 얼마나 많은가. 중요한 건 자신의 타고난 그리고 매력적인 음역대를 찾는 것이다.

앞서 살펴본 두성과 흉성 그리고 비성 등을 진성과 가성 그리고 반가성으로 다시 구분하기도 한다. 진성은 타고난 음역대를 자신의 목소리로 편안하게 내는 소리다. 가성은 음역대 이상의 소리를 가늘게 뽑아낼 때 나오는 소리다. 진가성은 가성을 진성처럼 힘을 주며 낼 때 나오는 소리를 말한다.

가성에 대한 시각은 엇갈린다. 노래 부르는 이가 자신의 음역대 한계를 넘어섰을 때 가성이 나온다. 여기에 대해 두 가지 시각이 존재한다.

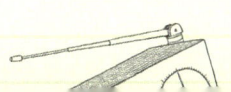

노래의 키가 높아서 어쩔 수 없이 가성을 내는지, 아니면 노래에 잘 어울려서 가성으로 표현했는지가 그것이다.

조관우는 노래 한 곡 전체를 가성으로 소화한다. 그게 콘셉트고 그게 노래에 잘 어울린다. 머라이어 캐리도 가성으로 유명하다. 그녀는 사람이 쉽게 낼 수 없는 음역대를 가성으로 넘나들며 세계적인 가수가 됐다. 반면 특정 장르를 하는 이들은 가성을 인정하지 않기도 한다. 한자 뜻대로 '거짓 소리'로 규정하기 때문이다. 개념의 확립이 필요한 부분이다.

무엇보다 가성도 진성과 마찬가지로 소리를 좋게 내도록 노력해야 한다. 가성이 좋게 들리려면 두성과 흉성이 잘 섞여야 한다. 단순히 고음역대를 소화하기 위한 방법이어서는 곤란하다는 말이다.

④ 음정과 리듬감

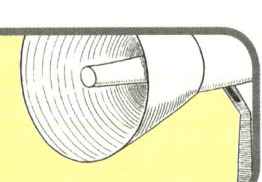

1 악기로 음을 짚어내라
2 가사보다 음에 집중하라
3 올바른 리듬은 올바른 호흡에서

음정은 음악이론에서 두 음의 높이 차이를 말한다. 음계에 준하여 얼만큼 떨어져 있는가에 따라서 도수가 결정되고, 같은 도수 안에서도 음 사

이의 거리에 따라서 단음정과 장음정, 혹은 감음정과 증음정으로 구분된다.

아무리 멋있게 부르려고 해도 음정이 틀리면 좋게 들리지 않는다. 생각하는 음악을 제대로 내야 노래를 잘 할 수 있다. 음의 차이를 구별하고 이를 정확하게 표현해야 하기 때문이다. 음치로 불리는 이들은 음정이 불안해 생각하는 음을 내지 못한다. 그래서 반주를 듣고 연습하는 과정이 필수적이다. 혼자 무반주로 노래를 연습하는 경우가 많은데 위험한 선택이다.

대신 피아노나 기타를 통해 음계를 짚어가면서 연습하는 것은 하나의 방법이 될 수 있다. 음계를 눌러보며 이를 자신이 부르는 음정과 비교해 정확한지도 살펴보자. 이를 청음이라고 한다.

예외도 있지만 싱어송라이터는 보컬리스트와 구별되는 이들이다. 이들은 절절한 가창력과는 거리를 두는 것이 보통이다. 하지만 보컬리스트를 능가하는 대목이 바로 음정이다. 싱어송라이터는 악기를 연주하고 노래를 만들기 때문에 자신이 내는 소리의 음정을 정확히 짚어낸다. 악기 연습을 통해서 자연스레 음정 연습이 됐기에 실수도 훨씬 적다.

예전에는 정확한 음정을 연습하기 위해 양동이를 쓰고 노래를 하곤 했다. 이는 자기 소리를 더 잘 들을 수 있도록 하기 위한 방법이다. 주변 소음을 차단하고 자신의 소리에만 집중하기 위한 것이다. 이때 중요한

것은 가사가 아니다. 정확한 음을 듣고 내는 것이다.

양동이를 뒤집어쓰고 음정을 연습하는 풍경은 이제는 추억이 되다시피 했다. 대신 요즘엔 반주를 깔고 노래를 불러 녹음하고 모니터링하는 방식을 택한다. 반복적으로 들으면서 정확하게 한 음씩 짚어내며 부르는 연습이 필요하다.

리듬은 음이 진행될 때 보이는 시간적 질서를 뜻한다. 흐른다는 뜻의 'rhein'에서 유래됐다. 보통 음표와 쉼표에 따라 박자를 치는 것이라고 표현된다. 리듬은 음표의 장단·강약·템포·음색 등에 의해 영향을 받는다.

중요한 것은 박자다. 일정하게 음을 박자에 싣는 과정을 통해 노래는 완성된다. 4분의 4박자면 4분 음표를 1박으로 한다. 음표든 쉼표든 한 마디를 4박자로 나눈다는 일종의 약속이다. 다시 말하면, 음표든 쉼표든 같은 길이를 유지하며 흐름을 유지하는 것이 바로 박자다. 박자를 타야 리듬이 생긴다.

리듬이 중요한 것은 노래를 표현하는 데 영향을 미치기 때문이다. 음표만 있는 것이 아니라 쉼표도 있다는 건 뭘 의미할까? 호흡과 연관이 있다는 걸 뜻한다. 호흡과 함께 가사를 표현하며 장르에 맞는 리듬을 타야 한다.

❺ 감정표현

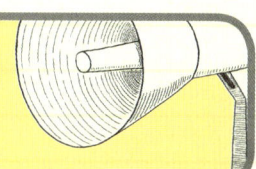

1 감정은 노래의 완성이다
2 집중력 싸움이다
3 호흡을 고른다

좋은 음악 좋은 가수의 기준, 그 첫 번째는 감정이다. 톤도 좋고 음정도 좋고 테크닉도 훌륭하지만 감정이 없다면 좋은 가수가 될 수 없다. 배워서 되는 건 아니다. 이것만큼은 타고나거나 부를 당시의 상황이나 느낌이 중요하다. 진심으로 불러야 감정이 노래에 묻어 나온다.

가창력이 뛰어나지 않지만 들으면 공감을 얻거나 좋은 느낌을 남기는 가수들이 있다. 감정 표현에 능한 가수들인데, 나는 대표적으로 고故 유재하를 꼽는다. 그의 노래에선 어떤 가수보다 깊은 감성이 느껴진다. 기교 하나 없이 부르지만 부를 당시의 감정이 절절히 느껴진다. 절창의 가수는 아니지만 듣기 매력적이다. 두말할 필요 없이 최고의 가수다.

김장훈도 마찬가지다. 그는 스스로 음치였다는 이야기를 많이 한다. 사실 라이브 공연을 보면 음정과 박자가 빼어난 편은 아니다. 하지만 〈나와 같다면〉은 감정 하나로 모든 것을 커버한다.

오디션 프로그램에서는 감정 잡기가 쉽지 않다. 짧은 순간에 깊은 감

성을 뽑아낸다는 것 자체가 오랜 훈련을 거치거나 타고나지 않으면 불가능에 가깝다. 집중력 싸움이라는 말은 그래서 나온다. 상황에 몰입하고 노래에 빠져드느냐에 따라 성패가 갈린다.

호흡 방식도 노래의 표현에 영향을 준다. 숨소리가 전혀 들리지 않을 정도로 담담하게 노래를 부르는 가수가 있는가 하면 거칠게 숨을 몰아쉬며 노래를 토해내는 가수도 있다.

1990년대 이전에 활동하던 가수들이 당시 녹음한 노래를 들으면 숨소리가 거의 들리지 않는다. 그만큼 담담하게 불렀고 절제하면서 노래하려 했다는 것을 알 수 있다. 하지만 2000년대 들어 일명 '소몰이 창법'이 유행하면서 호흡이 노래에 자주 들어갔다. 믹싱 작업을 할 때 숨소리가 너무 커서 소리를 줄일 정도로 최근 가요계는 호흡이 자유로워졌다.

이는 노래의 감정을 표현하는 하나의 수단이다. 격정적인 감정을 노래할 때는 숨소리가 크게 담긴다. 반대로 절제하며 부르는 노래에서는 숨소리가 몰입에 방해가 된다. 오디션 프로그램은 짧은 순간에 모든 걸 보여줘야 하기 때문에 호흡을 자유롭게 활용하는 것이 보편적이다.

감정 표현의 모범으로 난 이승철을 꼽는다. 여전히 말랑말랑한 감성을 유지하고 있고 집중력도 폭발적이다. 〈그런 사람 없습니다〉 〈듣고 있나요〉 등의 노래 녹음을 진행하며 눈물을 훔치는 그의 모습을 난 아직도 기억한다.

3

무대에서
모든 것을 표현하라

무대는 특별한 곳이다. 노래를 매개로 부르는 이와 듣는 이가 교감하는 장소다. 일상의 괴로움을 잊고 노래로 위안을 받는다는 점에서는 현실과 꿈의 접점이기도 하다. 특히 오디션 프로그램의 무대는 가수의 꿈을 키워온 이들에게는 성스러운 신전과도 같다. 지원자들의 지난했던 모든 준비는 이 무대를 위한 것이고 바로 이곳에서 세상을 향한 비상이 시작된다.

하지만 무대는 이들의 것이 아니다. 오로지 듣는 사람의 것이다. 노래는 부르는 사람의 입을 떠나는 순간 소유권을 주장할 수 없다. 음의 파장이 고막을 타고 들어가 마음을 움직일 사람들의 것이 된다.

듣는 사람의 마음을 움직이는 것은 가수의 숙명이자 존재 이유다. 오디션 프로그램의 지원자는 더욱 그렇다. 우승자가 돼 가수로 발탁되기

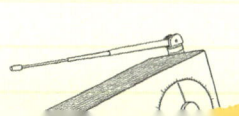

위해 사람들의 마음을 향해 온 힘을 다해 노래를 부른다.

그런 의미에서 무대는 종합예술이다. 무대를 매개로 사람들은 듣고 보고 느끼고 동화된다. 이 모든 과정이 집약적으로 벌어진다. 숱한 눈물과 고뇌의 대가로 주어지는 보상이 바로 무대다. 고된 예선을 거쳐 본선에 선 당신은 화려한 무대를 즐길 자격이 있다. 다만 후회 없이 모든 것을 쏟아내야 한다. 무대의 주인은 관객이지만 무대의 주인공은 바로 당신이기 때문이다.

❶ 무대 매너

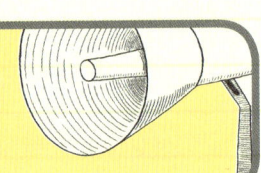

1 듣는 이를 고려하라
2 모든 걸 쏟아내라
3 완급조절로 마음을 울려라

무대에 올라가기 전에 가수들은 여러 고민에 빠진다. 어떤 노래를 부를지, 어떤 퍼포먼스를 벌일지, 노래 사이에 어떤 멘트를 할지, 곡 순서는 어떻게 배열할지 등 고민하고 또 고민한다. 이는 결코 자신의 만족을 위해서가 아니다. 내가 왕처럼 모셔야 하는 관객들을 위한 땀인 것이다.

다시 강조하지만 무대는 듣는 이의 것이다. 준비한 모든 에너지를 모

아 심사위원과 관객, 그리고 카메라 뒤의 시청자들을 감동시켜야 한다. 그것이 무대의 목적이다. 무대 매너의 기본은 여기서 출발한다. 노래를 부르는 사람만 혼자 흥에 겨워 감격한다면 반쪽짜리 무대이다.

오디션 심사를 하다 보면 노래를 부르는 모습들이 극과 극이다. 가만히 서서 부르는 사람부터 손짓, 발짓, 몸짓, 정말 별의 별짓을 다 하는 사람까지 보게 된다. 너무 다양하다 보니 무대에서 어떤 자세로 노래해야 한다는 팁조차 주기 어렵다.

하지만 기본 원칙은 있다. 어떤 자세로 부르던 노래를 듣는 데 방해가 되서는 안 된다는 점이다. 또 기성 가수를 따라하는 동작은 감점 요인이 되기도 한다. 가만히 서서 부르는 사람도 성의 없이 보일 수 있지만, 눈빛이나 표정으로 충분히 감정을 표현할 수 있다. 혼신의 힘을 다한다는 것을 보여주는 게 중요하다. 물론 과하면 좋지 않다. 동작에 자신이 없다면 가만히 노래에 집중하는 편이 오히려 청중의 집중도를 높일 수 있다.

감동을 위해서는 객석과 교감하는 과정이 중요하다. 객석을 흥분시키기 전에 가수가 흥분해서는 곤란하다. 서로 '밀고 당기기'를 거듭하는 완급조절이 필요하다. 객석은 능동적이다. 흥이 나면 누구도 막지 못한다. 대신 냉정하기도 하다. 흥미를 느끼지 못하고 감흥이 없으면 철저히 외면한다.

제1의 덕목은 순간을 즐기고 모든 것을 쏟아놓는 것이다. 객석에 기

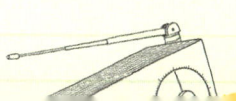

죽지 않고 준비한 것을 펼치는 강단도 필요하다. 내가 아니라 관객의 마음을 움직여야 한다는 걸 잊어선 안 된다. 실수했다고 흥분하면 안 된다. 노래를 끊고 다시 하는 것만큼 객석을 맥빠지게 하는 것도 없다. 위기를 기지와 여유로 넘기는 것을 심사위원과 객석은 또렷하게 지켜볼 준비가 돼 있다. 이제 쇼는 시작됐다. 너를 보여라.

❷ 무대공포증 극복

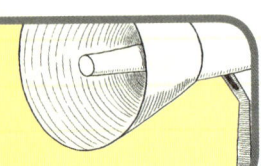

1 경험은 재산이다
2 거울은 알고 있다
3 상상의 나래를 펴다

《슈퍼스타K》시즌2 우승자 허각과 《위대한 탄생》의 우승자 백청강에게는 공통점이 있다. 이들 모두 행사 무대를 전전하며 다양한 무대 경험을 쌓았다는 것이다. 경험은 사람에게 여유를 준다. 무엇보다 긴장을 조율하며 자기 실력을 보여줄 수 있다.

하지만 모든 이들이 허각이나 백청강일 수는 없다. 무대 경험이 부족하고 긴장을 조율하기 힘들다. 공포는 미지에서 비롯된다. '이 사람들이 나를 어떻게 평가할까?' 하고 공포가 시작되면 오디션은 어그러지기 시

작한다. 페이스는 흐트러지고 머리는 복잡해진다. 심장이 요동칠 때마다 실수 연발이다.

심사위원 앞에서 흔들리면 숱한 관객들 앞에서는 서 있기조차 힘들 것이다. 그러면 심사위원은 좋은 점수를 주지 않는다. 이들은 긴장하는 것도 실력이라고 굳게 믿는다.

가장 좋은 방법은 거울을 보며 연습하는 것이다. 노래를 부르는 표정과 동작을 자세히 뜯어봐야 한다. 그렇게 하나씩 교정을 하며 자신이 노래하는 모습에 익숙해져야 한다. 그림이 그려질 때 긴장은 누그러진다. 확신이 생길 때 공포도 사라진다.

오디션 상황을 시뮬레이션으로 그려봐도 좋다. 자기 소개부터 시작해 심사위원의 예상 반응까지 상황을 머릿속에 그려보자. 스스로 잘해 낼 것이라는 자기 최면을 거는 것도 좋다.

❸ 마이크 사용법

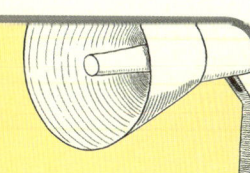

1 거리를 확인하라
2 각과 방향을 살펴라
3 밀고 당기기를 즐겨라

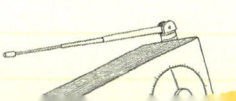

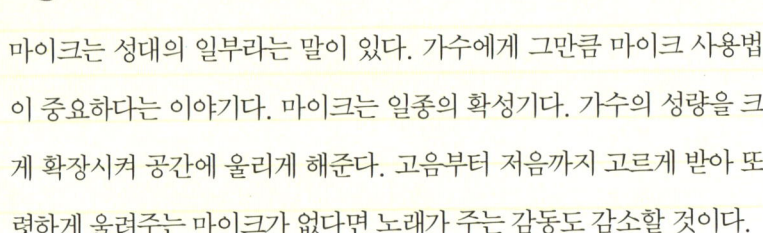

마이크는 성대의 일부라는 말이 있다. 가수에게 그만큼 마이크 사용법이 중요하다는 이야기다. 마이크는 일종의 확성기다. 가수의 성량을 크게 확장시켜 공간에 울리게 해준다. 고음부터 저음까지 고르게 받아 또렷하게 울려주는 마이크가 없다면 노래가 주는 감동도 감소할 것이다.

오디션 프로그램에서도 마이크가 변수로 떠오른다. 마이크를 사용하지 않는 예선에서는 좋은 점수를 받다가, 막상 본선에서는 마이크 사용이 미숙해 노래를 잘 부르고도 제대로 평가받지 못하는 경우가 많다. 아예 마이크를 놓치는 사람도 있다. 특히 댄스퍼포머의 경우 이어마이크 사용이 어색해 제 실력을 보여주지 못하는 이들이 수두룩하다.

마이크는 입과의 거리가 중요하다. 기본적으로 가까울수록 좋다. 10cm 이상은 떨어뜨리지 않도록 한다. 최대한 입술과 가까이 해 성대에서 나오는 소리가 그대로 담기도록 한다. 마이크의 각도는 90도를 유지한다. 턱밑을 받치거나 입 위로 물구나무 세우지 말아야 한다.

그 이유는 마이크의 지향성 때문이다. 향한 방향에 따라 소리를 빨아들이는 정도가 다르다. 가수가 주로 사용하는 마이크는 단일 지향성 마이크다. 한 방향으로 소리를 받아들인다. 때문에 얼굴의 방향을 움직일 때마다 마이크도 입 방향을 따라야 한다.

마이크의 머리를 움켜잡아 그의 자존심을 상하게 하지 말자. 답답한 소리로 답할 것이다. 무선마이크의 경우 하단에 달린 안테나를 건드리

지 말아야 한다. 수신율이 떨어져 마이크가 작동하지 않을 수도 있다.

마이크는 생각보다 똑똑하고 예민한 존재라는 점도 잊지 말자. 소리를 잡는 음역대가 있다. 입에서 멀어질수록 저음이 잡히지 않는다. 속삭이듯 노래할 때는 마이크를 더욱 가까이 당겨라. 크게 부를 때는 마이크와 거리를 두는 것도 좋다. 마이크와 '밀고 당기기'를 잘하면 잘할 수록 노래가 맛있어진다.

❹ 댄스퍼포머를 위한 충고

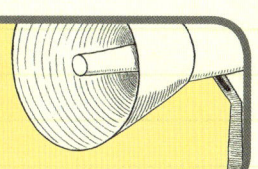

1 비장의 무기를 만들어라
2 춤과 노래를 분리하라
3 춤을 먼저 보여라

노래과 함께 춤을 준비하는 지원자가 늘어나고 있다. 개인적으로 긍정적으로 본다. 노래 하나로 자신감이 충만한 지원자라면 춤을 준비할 필요가 없다. 하지만 노래로는 뭔가 부족해 합격선을 오르내리는 지원자라면 춤으로 커트라인을 넘을 수 있다.

실제로 춤 덕분에 본선행 티켓을 거머쥔 이들도 적지 않다. 가창력으로 승부하는 가수로서는 부족하지만 댄스 가수로는 아쉽지 않은 지원자

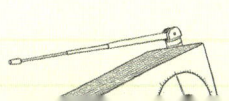

가 의외로 많다. 그렇다고 댄스 가수를 비하하는 건 절대 아니다. 오히려 그 반대다. 춤을 추면서 노래를 부르는 것은 2배 이상의 노력을 요한다. 오디션 프로그램마다 본선 무대에서 댄스퍼포머들이 약세를 보이는 이유도 그 때문이다.

아마추어 지원자에게 해주고 싶은 충고는 춤의 장점을 충분히 살렸으면 한다는 것이다. 춤과 노래를 분리해서 무대를 구성하는 것이 필요하다. 춤을 추면서 노래를 하는 것은 자신의 출중한 실력을 보여주겠다는 욕심에서 비롯된다. 하지만 냉정하게 생각해보길 바란다. 노래의 음정과 박자를 맞추면서 춤의 리듬감을 살린다는 것은 아마추어에게는 미션 임파서블이다. 생방송 무대가 주는 긴장감이라는 변수도 고려해야 한다. 괜히 보는 사람만 힘들게 하지 말고 다른 돌파구를 찾자. 현실적으로 가장 좋은 방법은 한 노래에서 춤 파트를 별도로 구성하는 것이다. 노래와 춤의 집중도를 각각 높여야 한다.

만약 예선에서 춤과 노래를 함께 준비했다면 선후 배치도 고려할 만하다. 춤을 먼저 보여주는 것이 여러모로 유리하다. 댄스에 능하다는 것을 심사위원에 어필한다면 노래에 대한 기준치는 낮아진다. 노래를 먼저 부른다면 춤은 부속된 재능으로 치부될 가능성이 높다. 같은 노래 같은 춤이라면 보는 이의 심리를 이용해 효과를 극대화 하는 것도 합격을 위한 전략이다.

4
나에게 어울리는 노래 찾기

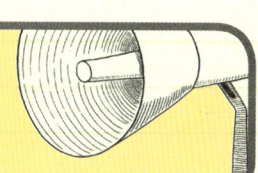

> **1** 선곡이 반이다
> **2** 가창력보다 음색이다
> **3** 심사위원을 노려라

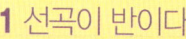

선곡은 오디션 프로그램의 핵심이다. MBC의 《나는 가수다》를 보면 알 수 있다. 한 가수가 1위를 했다가 다음 주에 7위로 떨어진다. 왜 이런 일이 벌어지는 걸까. 일주일 만에 노래 실력이 줄어서일까? 물론 아니다. 오로지 선곡의 차이다. 선곡 때문에 노래를 가장 잘한다는 가수들도 결과가 엇갈린다. 아마추어 오디션 지원자에게 선곡은 미션 성공의 70~80% 이상을 좌우한다.

원론적이지만 가장 중요한 것은 어울리는 노래를 찾는 일이다. 하지만 대부분의 지원자는 어울리는 노래가 아니라 좋아하는 노래를 부른다. 자신이 좋아하는 가수의 노래. 대부분 지망생이 좋아하는 가수는 소위 노래를 '격하게' 잘하는 이들이 보통이다. 김범수, 휘성, 거미, 박마마 임재범 등등.

단호하게 말하자면, 오디션에서 노래 잘하는 가수 즉 보컬리스트의 노래는 피하는 게 맞다. 사람들은 특정 노래에 대한 기억을 가지고 있다. 심사위원도 마찬가지다. 원곡을 부른 가수의 감정과 느낌이 잔상처럼 남기 마련이다. 결과적으로 그 가수와 경쟁하는 모양새가 된다. 지원자들은 가창력이 있다고 인정받는 가수의 노래를 소화하는 것만으로 노래 실력을 인정받고 가산점을 받을 것으로 안다. 한마디로 말하면 착각이다. 무엇보다 부르기 어려울 것이고, 너무 많은 이들이 불러 변별력도 없다. 반복해서 듣는 심사위원의 집중도가 떨어지는 것도 문제다.

특히 R&B를 좋아하는 지원자라면 좋아하는 것과 잘하는 것을 반드시 구별하길 부탁한다. 뛰어난 보컬이 아니라면 아마추어의 한계를 드러내는 패착이 될 가능성이 높다. 휘성이나 나얼의 노래를 오디션 부스에서 자주 들을 수 있다. 하지만 그 누구도 그들처럼 부르지 못한다. 어설프게 흉내 내는 것처럼 보인다. 따라하다 버거운 게 보이면 합격과는 멀어진다.

그렇다면 어떤 노래를 불러야 할까? 부르기 담백한 노래를 추천한다. 일반적인 발라드 노래가 좋다. 가창력보다 음색으로 승부하는 가수들의 노래를 골라야 한다. 성시경, 김연우 등은 목소리 톤을 타고 났다. 이들의 노래에 저마다 개성을 강조하면 전혀 새로운 노래로 들린다. 이승철, 신승훈, 김건모 등도 마찬가지다. 이들의 목소리를 모르는 국민은 흔치 않다. 고정 관념이 강할수록 변화의 신선함도 크다. 기교보다 개성으로 승부해야 한다. 어려운 걸 따라하는 것보다 쉽게 부르는 게 중요하다.

한 가지 팁을 더 공개하자면, 심사위원과 연관된 노래를 부르는 것을 추천한다. 심사위원도 사람이다. 자신이 만들거나 부르는 노래를 지원자가 고르면 마음이 안 쓰일 수 없다. 나 역시 허각과 존 박이 《슈퍼스타K》 시즌2에서 내가 만든 〈언제나〉를 미션 곡으로 부를 때의 감정을 잊을 수 없다.

물론 자신이 연관된 노래를 접하면 겉으로 혹평을 가하는 이도 있다. 그렇다고 속마음까지 차가운 것은 아니다. 신경이 쓰이고 마음이 열린다. 운명이 달린 무대에서 누군가의 노래를 골랐고 그 노래가 자신이 만든 것이라면 동질감을 느낄 수 있다. 때문에 혹독한 평가가 있을지언정 점수가 박하기 힘들다. 혹시 박하더라도 애정을 가지고 지원자를 바라보지 않을 심사위원은 없다. 냉혹한 오디션 프로그램에도 인지상정은 있다.

5 센스는 심사위원을 춤추게 한다

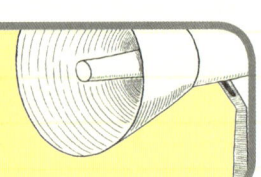

1 짧고 굵게 준비하라
2 반전은 나의 힘
3 핑계는 절대 금물

오디션 프로그램에서 빛나는 것은 노래 실력만이 아니다. 심사위원의 마음을 읽는 센스도 분위기를 반전시키는 핵심 열쇠이다.

오디션에 들어선 대부분의 심사위원은 극도의 피곤감을 호소한다. 이들은 비슷비슷한 실력의 지원자들과 장시간 마주한다. 시간이 지날수록 집중력은 떨어지고 흥미도 반감된다. 따라서 심사위원의 의중을 재빠르게 파악하는 자세가 필요하다.

많은 것을 준비해서 다양하게 보여주고 싶은 게 지원자의 욕심이다. 의욕은 인정하지만 호의를 보이며 끝까지 지켜볼 심사위원의 많지 않다. 초반 30초에 자신의 실력을 농축한 부분을 보이는 것이 현명하다.

1절을 끝까지 듣거나 1분 이상 노래가 이어진다면 일단 분위기는 나쁘지 않다고 봐도 무방하다. 이와 달리 중간에 끊고 다른 노래를 요구한다면 이는 예의상 요청하는 게 대부분이다. 다른 분위기의 노래로 주위를 끌거나 개인기로 환기시키는 것이 필요하다. 하지만 반전의 여지는 사실상 희박하다.

예민한 심사위원의 심기를 건드리지 말아야 한다. 말 한마디도 신중하게 건넬 필요가 있다. 심사위원이 지원자에게 가장 해주고 싶지만 못하는 말이 하나 있다. 바로 "핑계 대지 말라"는 것이다. 체감적으로 오디션 지원자의 80% 이상이 노래를 시작하기 전에 서론을 깔아놓는 이상한 버릇이 있다.

"감기에 걸려서…."

"요즘 목이 좀 안 좋아서…."

"갑자기 집안에 일이 생겨서 연습을 제대로…."

감안하고 들어달라는 일종의 양해지만 이를 곧이곧대로 받아들이는 심사위원은 없다. 심사위원은 이런 말투를 예의 바르다고 생각하지 않는다. 노래를 시작하기도 전에 말 없이 탈락 버튼에 손을 올려놓는다. 자

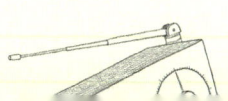

신감 결여는 지원자에게 사형선고나 다름없다. 방어적인 말투는 결국 스스로에게 총구를 겨누는 셈이다.

심사위원은 노래 전문가다. 노래 첫 소절을 들으면 감기에 걸렸는지 목 상태가 좋지 않은지 가늠할 수 있다. 원래 실력이 부족한지 일시적으로 목상태가 나쁜지 정도는 금세 파악한다. 오히려 열악한 상황에서도 최선을 다하는 모습을 프로답다고 높게 평가한다.

오디션은 무결점의 완벽한 가수를 찾는 자리가 아니다. 부족하지만 성장해나갈 재능인을 찾는 자리다. 《나는 가수다》에 출연하는 가수들이 목 상태를 탓하는 걸 본 적 없다. 환경을 핑계로 삼는 행동이나 말은 미안하게도 심사위원에게는 용서가 안 되는 부분이다.

6
보컬리스트
생활백과

보컬리스트의 생명은 목

목에 좋은 음식과 생활습관이 중요하다. 보컬리스트가 자기관리가 안 된다면 그것도 문제다. 자기관리의 가장 첫 번째는 목관리이다.

우선 상하게 된 목에 가장 좋은 방법은 침묵이다. 또한 물을 자주 마시는 것이 좋다. 노래를 빨리하고 싶더라도 조금 참아야 한다.

반면 목이 상한 사람들은 소금물이나 식초물로 가글하는 경우도 있는데 이는 절대 금물이다. 소금이나 식초는 소독의 효과가 있지만 소독이 너무 강해서 오히려 목이 충혈되고 목이 더 상하게 된다. 흔히 상처 난 발로 바닷물에 들어가면 더욱 상처가 심하게 되는 것과 마찬가지다.

대부분의 보컬리스트들은 자기 체질에 맞는 방법을 선택해 많이 활용하고 있다.

목을 좋게 하는 민간요법

1 미지근한 물을 자주 마시는 게 좋다. 미지근한 물이 없을 때는 생수를 하루 8잔 이상을 마시면 신진 대사를 활발하게 하고 목에도 좋다.

2 말린 도라지와 감초를 거의 1:1의 비율로 끓여서 자주 마신다. 도라지는 기침 나거나 목이 부었을 때 염증을 가라앉히고 가래를 진정시키는 효과가 있으며, 감초는 염증에 좋다.

3 꿀과 모과를 따뜻한 물에 타서 마신다. 꿀은 세포 재생에 효과가 있으며 모과는 염증에 좋다. 특히 모과에는 사과산, 구연산, 주석산과 비타민 C가 있고, 탄닌산이 약간 있어 청량감을 느끼게 한다.

4 마늘을 꿀과 푹 끓여서 마신다. 마늘은 상처를 아물게 한다.

5 주전자에 식염수를 끓여서 나오는 수증기를 입에 갔다 대어 마시기를 반복한다.

6 은행 열매를 구워서 몇 개씩 먹으면 기관지가 강해진다.

7 석류액을 마신다. 석류는 소염효과가 좋은 과일 중에 하나다.

8 과일 '배'를 반으로 잘라 숟가락으로 파내고 그 안에 꿀을 넣은 다음 전자레인지에 넣어서 중탕을 만들어 마신다.

9 목을 촉촉하게 해주어 도움을 주는 채소로는 토마토와 오이 등이 있다.

목을 위해 잠들기 전에는 가급적 가습기를 사용하는 게 좋다. 건조한 공간은 목에도 영향을 미치기 때문이다. 대부분 가수들은 차안에도 휴대용 가습기를 사용하는 경우가 많다. 또한 목감기에 걸렸을 때는 수건을 자기 전에 목에다 감고 잔다.

목은 아플 때 관리하는 것보다는 평소에 습관처럼 늘 신경 쓰고 챙겨주면 상태가 훨씬 나아질 수 있다.

목에 좋지 않은 음식

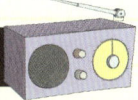

1 술과 담배: 술과 담배는 목을 건조시킨다

2 커피와 녹차 등 카페인이 함유된 음료: 목을 건조시켜 좋지 않다

3 우유를 비롯한 유제품: 목안에 가래를 만들어 헛기침을 자주 유도하게 만들어 좋지 않다

4 복어, 복매운탕: 독성분 때문에 일시적으로 목을 마취시키는 작용을 하므로 목 킨드롤이 질 되지 않는다

5 매운 음식과 짠 음식, 너무 신맛이 나는 음식: 목에 자극을 준다

7
준비된
가수가 되라

❶ 제 점수는요~

오디션은 경쟁을 바탕에 두기 때문에 심사라는 게 꼭 필요하고 심사위원도 당연히 필요하다. 나 역시 여러 오디션 프로그램이나 가요제 등에서 많은 심사를 하고 있다. 그럼 도대체 심사의 기준은 무엇일까? 이는 많은 가수 지망생들이 궁금해 하는 사항이다. 모든 심사위원의 평가 기준이 같을 순 없지만 나의 경험으로 보자면 네 가지 심사 기준을 말할 수 있다.

첫 번째는 당연히 가창력이 가장 중요하다. 여기서 말하는 가창력은 단순히 고음을 잘 내는 기준은 아니다. 노래를 얼마나 잘 표현하느냐, 즉 기본적인 소리를 내는 발성법이나 호흡법 그리고 음정이나 박자 등을 포함한다. 이는 노래를 함에 있어 가장 기본적인 능력을 평가하는 것이다.

두 번째는 감성이다. 노래를 잘하는 가수는 단순히 가창력만 뛰어나서는 될 수 없다. 얼마나 노래의 감정과 감성을 청중에게 잘 전달할 수 있느냐가 정말 중요하다. 노래라는 것이 곡의 메시지를 사람들에게 전달하는 것이기 때문이다.

세 번째는 개성이다. 아무리 노래를 잘한다고 해도 목소리와 창법이 기존 가수를 흉내 낸다거나 본인만의 개성이 없으면 절대로 좋은 가수가 될 수 없다. 한두 소절만 들어도 그 가수가 누구인지 알 수 있어야 좋은 가수가 될 수 있다.

네 번째는 외모나 무대매너 등 스타성을 본다. 대중가수는 대중들의 사랑을 받고 사는 사람이기 때문에 얼마나 대중에게 매력을 어필하는지도 절대 빼놓을 수 없는 부분 중의 하나다. 얼마 전 한 오디션에서 심사위원 점수가 가장 높은 출전자가 시청자 투표의 인기 부족으로 탈락한 일이 있었다. 앞으로의 가능성과 여러 가지 훌륭한 가수의 조건을 갖추었기에 심사위원 평가가 좋은 것인데 그 부분이 반영되지 못해 논란이 생겼었다. 그러나 어차피 오디션을 통해 가수가 되었을 때는 결국 이들을 평가하는 건 심사위원이 아닌 대중이라는 것을 알아야 한다.

❷ 작곡을 배우고 싶은 친구들에게

노래를 하다 보면 작곡이나 편곡을 하고 싶은 경우가 생길 수 있다. 이것

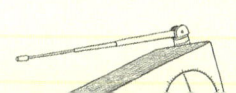

은 자신의 음악적 스펙트럼을 넓혀줄 수 있는 하나의 방법이 될 수 있기에 조금씩 공부해보는 것도 좋을 것이다. 작곡은 특별한 자격이 필요치 않으며 누구나 할 수 있는 것이다.

그저 점수에 맞춰 공대에 진학했던 나는 전공 수업은 등한시하고 음대 수업을 청강했다. 어린 시절 누나 대신 피아노 학원을 다닌 이후 빠져버린 음악의 매력에서 벗어날 수 없었기 때문이다. 비록 공대를 다녔지만 대학가요제에도 출전하며 점차 꿈을 키워나갔다. 실제 주위에 있는 작곡가들을 보면 다양한 경력을 가진 사람이 많다. 중학교 때부터 유명 작곡가들 밑에서 음악을 배운 사람도 있고, 클럽 DJ출신의 작곡가, 가수 출신의 작곡가, 댄서출신의 작곡가, 대학에서 음악을 전공한 작곡가, 회사원 출신 등 다양하다. 다들 이름만 들으면 알 수 있는 히트곡을 쓴 작곡가들이다. 이들 중에는 음악을 전문적으로 배운 사람들도 많지만 악보를 그릴 줄도 모르는 작곡가도 있다. 악보를 모르는 사람도 작곡가를 하는 만큼 대중음악 작곡은 누구나 할 수 있는 것이다.

하지만 이론적으로 음악에 대한 지식이 없으면 작곡을 하기에 불편한 점이 많다. 만약 악보를 알지 못한다면 자신의 멜로디를 표현할 수 없고, 그 멜로디를 다른 사람에게 맡기면 자신의 느낌을 그대로 표현하는데 한계가 있다.

작곡은 음악을 좋아하는 열정만 있다면 누구나 할 수 있다. 하지만 자

신의 느낌이나 멜로디를 충분히 표현하기 위해서 알아야 할 기본적인 것들이 있다. 몇 가지를 요약해보자.

첫째, 화성악 등 음악 공부를 해야 한다. 음악이 자유롭지만 그 안에서도 규칙이란 게 있다. 그 규칙은 공부를 통해서 알 수 있다.

둘째, 악기 하나를 자유자재로 다룰 수 있어야 한다. 나는 작곡을 할 때 피아노를 주로 이용하는데 피아노를 아무 생각 없이 치다 보면 좋은 멜로디가 떠오르곤 한다.

셋째, 미디 프로그램을 다룰 수 있어야 한다. 편곡을 할 때 가장 중요한 툴이 될 것이다.

넷째, 자유로운 상상의 나래를 펼 수 있어야 한다. 작곡에 정답은 없다. 누가 더 큰 상상을 하느냐에 따라 더 좋은 곡을 쓸 수 있다.

마지막으로 작곡을 꿈꾸는 사람들에게 하고 싶은 말은 미치도록 간절히 원하라는 것이다.

❸ 가창력을 참고할 만한 젊은 가수들 베스트 5

모든 사람들이 인정하는 이승철 같은 최고의 가창력 가수들 말고 오디션 지원자들이 따라 배울 만한 젊은 가수들이 있을까? 함께 녹음 작업을 해본 가수들 중에는 5명을 꼽을 수 있다.

첫 번째는 다비치의 이해리. 물론 이해리의 가창력을 인정하는 사람

235

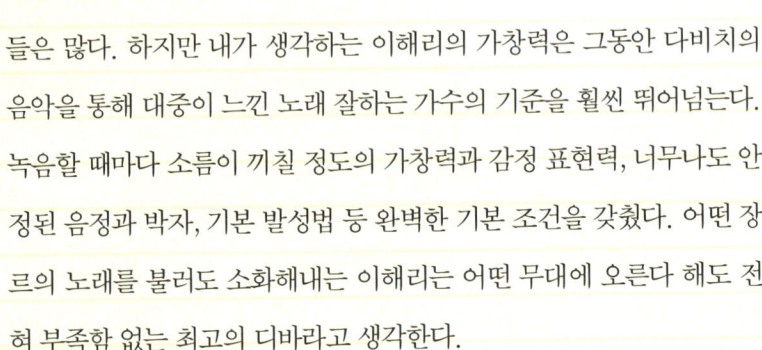

들은 많다. 하지만 내가 생각하는 이해리의 가창력은 그동안 다비치의 음악을 통해 대중이 느낀 노래 잘하는 가수의 기준을 훨씬 뛰어넘는다. 녹음할 때마다 소름이 끼칠 정도의 가창력과 감정 표현력, 너무나도 안정된 음정과 박자, 기본 발성법 등 완벽한 기본 조건을 갖췄다. 어떤 장르의 노래를 불러도 소화해내는 이해리는 어떤 무대에 오른다 해도 전혀 부족함 없는 최고의 디바라고 생각한다.

두 번째는 지아를 꼽고 싶다. 지아는 내가 그동안 녹음해온 가수 중에 가장 안정된 보컬을 가지고 있다. 어떠한 상황에서도 자기 실력을 보여줄 줄 아는 가수이다. 화려한 무대매너는 없지만 노래를 너무 편하고 쉽게 부른다고 생각한다. 듣기에는 편하지만 막상 지아의 노래를 불러보면 그녀의 음역대와 가창력이 얼마나 대단한지 알 수 있을 것이다.

세 번째는 디셈버의 DK이다. 데뷔 당시부터 최고의 보컬 나얼과 음색이나 창법이 비슷하다는 논쟁을 일으킬 만큼 뛰어난 가창력과 좋은 톤을 가지고 있는 가수이다. 아직 데뷔한 지 오래되지는 않았지만 매번 새로운 곡이 나올 때마다 점점 더 늘어가는 가창력을 볼 때 조만간 최고의 남자 보컬로 꼽히는 가수가 되리라 확신한다.

네 번째는 SG워너비의 김진호이다. 한때 SG워너비류의 보컬을 유행으로 이끌기도 했다. 그동안 SG워너비의 음악을 통해 보여준 그의 보컬 실력은 그가 가지고 있는 능력의 일부분이라는 말을 꼭 하고 싶다. 훨

236

씬 더 폭넓은 음악적 스펙트럼을 가지고 있는 김진호. 그렇지만 많은 대중들은 그동안 SG워너비의 음악에서 보여준 색깔이 전부라고 오해하고 있다.

마지막 다섯 번째는 소녀시대 태연이다. 정말 타고난 목소리와 따뜻한 감성 그리고 음악을 이해하는 이해력이 정말 대단한 가수다. 아이돌이라는 이유로 조금은 가창력이 저평가 되는 것 같아 안타깝지만 아이돌 중에 다른 누구도 태연만큼 부를 수 있을지 의문이 들 정도로 최고의 가창력을 보여준다.

❹ 오디션 외에 가수가 되는 길

유명 가수들이 신곡을 받아 녹음하기 전에 가이드 보컬(가수가 곡을 녹음하기 전에 곡의 느낌을 최대한 살려 정확한 음정과 리듬으로 불러주는 역할)이 녹음한 노래를 듣고 곡을 파악하게 된다. 스타들의 뒤에서 그들이 빛나게 해주는 또 한명의 가수인 셈이다.

나 같은 경우엔 내가 작곡한 노래는 거의 내가 가이드를 한다. 내가 노래를 잘해서가 아니라 곡을 처음 썼을 때의 느낌을 가장 잘 전달할 수 있다고 생각해서다. 하지만 간혹 나도 주변의 권유로 노래를 잘하는 가이드 보컬의 도움을 받기도 한다. 숙희의 경우도 가이드 작업을 하면서 알게 됐고, 그 인연으로 나는 숙희의 음반 제작에 참여하게 됐다. 숙희의

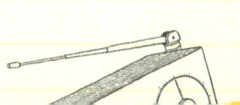

경우는 한국적인 음색이 너무 마음에 들었고, 노래의 감정 전달은 물론 표현력까지 나와 너무 잘 맞았다.

또 케이윌 역시 가이드 보컬을 많이 한 것으로 유명하다. 본인이 방송에서도 밝혔듯이 수많은 가수들의 가이드에 참여해 가요계에서는 노래 잘하는 실력파로 정평이 났다.

케이윌은 데뷔 전 플라이투더스카이의 〈미싱유〉, 비의 〈태양을 피하는 방법〉, 동방신기의 〈허그〉 등 수많은 히트곡들의 가이드 보컬을 맡았다. 플라이투더스카이 가이드를 했을 때 음원유출 혐의로 의심받기도 하는 등 데뷔 전 6년 정도 가이드 보컬을 하면서 설움도 많았다. 하지만 이를 당당히 이겨내고 인정받는 가수가 되었다.

이처럼 케이윌, 숙희가 과거 가이드 보컬로 유명세를 치르고 가수가 될 수 있었던 이유는 바로 작곡가의 의도대로 곡의 느낌을 잘 살리고 감정 전달이 뛰어나기 때문이다. 가수가 되고자 연습 중인 사람들은 이 점을 기억하기 바란다.

가이드 보컬 출신 가수들

에이트-백찬, 이현 티맥스-주찬양(슈퍼스타K 출신), 민철, 형준 웬즈데이-한국 엘(eL) 요아리(브라운아이드걸스 초기 멤버) 이아시

또렷하게 어필할 수 있는
실력을 보여줘라

'위대한 탄생' **조형우**

조형우가 전한 3가지 팁
1. 멘토제를 적극 활용하라.
2. 자기관리가 중요하다.
3. 마음을 열고 배워라.

"저는 카메라에 대고 웃으려다가 얼굴에 경련이… 부끄러워 죽을 지경이에요."

본선 무대에서 심한 얼굴 경련을 일으키면서 '경련 형우' '실룩 형우'라는 별명이 생겼던 조형우. 이전까지의 '교회 오빠'나 '엄친아'라는 별명과는 상반되는 이미지였다.

심사위원들의 계속된 "나쁜 남자가 되었으면"이라는 요구에 부응하려 했던 것일까. 경련을 일으키는 조형우의 모습은 맞지 않는 옷을 입고 불안해하고 초조했던 결과일 것이다. 많은 사람들이 사랑했던 솜사탕처럼 달콤하고 부드러운 이미지가 아직도 많은 대중에게 남아 있다.

준수한 외모에 나긋한 목소리 톤, 얄미울 정도로 세련된 모습은 그를 이상적으로 비치게 한다. 하지만 기타를 치는 그의 모습만큼은 친근하고 진지하다. 《위대한 탄생》이 발굴한 또 하나의 보물. '싱어송라이터' 조형우를 가리키는 말이다.

영국에서 청소년기를 보내고 연세대학교 주거환경학과에 진학할 때만 해도 그의 꿈은 평범한 회사원이었다. 대학가요제에 6인조 밴드와 함께 나섰지만 직업가수로 나설지는 의문이었다. 공군에서 어학병으로 군 복무를 마쳤을 때도 취업에 대한 중압감이 그의 어깨를 눌렀다. 전역 후 아버지가 《위대한 탄생》의 지원을 권유하지 않았다면 그는 지금 이순간 도서관 어디선가 책과 씨름할지도 모른다.

인생의 변화를 가져온 《위대한 탄생》은 갑작스럽게 찾아왔고 그의 모든 것을 뒤바꿔놨다. 조형우는 오디션 프로그램을 두고 모든 것을 걸만한 도전이라고 거듭 강조했다. 팝송을 주로 듣고 밴드 생활을 했던 그로선 옛노래를 재해석하고 자기식으로 표현하는 일이 고되고 낯선 과정이었다.

자신의 노래에 대중성을 입히는 과정은 그에게 실험과도 같은 일이었다. 하지만 이 과정을 통해 그는 자신만을 위한 것이 아닌 그 누군가를 위한 음악을 시작할 수 있게 됐다고 고백했다. 물론 음악이라는 바다 위에서 긴 항해를 시작한 조형우의 실험은 여전히 진행형이다.

> ❝
> **영국 팝송의 감성을
> 가요에 녹여내려 했어요**
> ❞

《위대한 탄생》에 지원한 동기가 있다면.

군 전역 후 3개월이 됐을 때 아버지가 권유하셨어요. 음악을 좋아하는 걸 잘 아시니까 제 자신을 한번 테스트 해보라고 생각하신 것 같아요.

음악을 처음 접한 건 언제인가요?

영국에 있을 때부터였어요. 청소년기에 현지 친구들하고 음악으로 자연스럽게 어울렸죠. 제 노래에서 영국적인 느낌이 난다고 하시는데 아마도 그 때문인 것 같아요.

지원을 결정하고 어떤 노래들을 준비했습니까? 다른 지원자들에게 참고가 될 것 같은데.

듣고 부르던 노래는 죄다 팝송 위주였어요. 대중적으로 어필할 만한 노래를 익혀야겠다고 생각했죠. 예를 들어서 제이슨 므라즈Jason Mraz의 〈아임 유어스I'm yours〉나 뜨거운 감자의 〈고백〉 그리고 제임스 블런트James Blount의 〈유아 뷰티풀You're beautiful〉 같은 곡들을 새로 레퍼토리에 추가했어요. 한 10곡 정도 준비했어요.

오디션 프로그램은 가요 위주로 진행되는데 알고 있었나요?

네, 알고 있었죠. 오디션 부스에서 김연우 씨가 계셨는데 가요를 불러보라고 하셨어요. 그래서 이승렬의 〈비상〉을 불렀어요. 리듬감이 좋다고 하셨어요. 서울 오디션에서는 제 이력에 대학가요제 출전이 있다 보니까 거기에 대해 많이 물어보셨어요. 기타는 얼마나 쳤는지 밴드 경험은 얼마나 됐는지를 궁금해하셨어요.

준비하면서 어떤 점에 중점을 뒀는지?

팝송을 부르면서 얻은 감성을 한국적으로 어떻게 표현하느냐에 초점을 맞췄어요. 가요는 제게 아예 처음 듣는 노래가 대부분이었거든요. 어떤 노래를 불러도 영국적인 팝송의 느낌이 나도록 하고 싶었어요.

선곡에 어려움은 없었나요?

스탠더드한 보컬리스트들이 부를 노래는 많아요. 하지만 저같이 기타나 피아노를 치면서 무대에 서는 싱어송라이터가 부를 노래는 흔치 않죠. 같은 노래를 불러도 이질감이 느껴지거든요. 자신의 모습이 투영될 수 있고 진심으로 부를 수 있는 노래를 고르는 것이 참 어려운 것 같아요. 그런 면에서 〈렛 잇 비 Let it be〉를 불렀을 때 신승훈 형님께서 영국의 느낌이 난다고 해서 정말 좋았어요. 제 느낌이 살아난 것 같았죠.

《위대한 탄생》은 멘토제를 도입했는데 경험해본 소감은 어땠나요?

좋았어요. 일단 누군가에게 혼이 날 수 있다는 자체가 고맙고 행복했어요. 전 음악을 하면서 누군가에게 가르침을 받아본 적이 없어요. 일반 오디션 프로그램은 못하면 혼나고 거기서 끝인데, 여기는 계속 관리를 받고 배울 수 있었다는 점이 좋았어요. 1등을 하지 못한다 해도 안아주고 품어줄 수 있는 멘토가 있다는 사실이 든든했죠.

멘토와 멘티는 어떻게 연결되나요?

제작진이 계속 면담이나 인터뷰를 해서 매칭해요. 최대한 지원자의 뜻을 반영해주려고 노력하시는 모습이었어요. 저 같은 경우는 위대한 캠프에서 데미안 라이스 Demian Rice의 노래를 부르라고 신승훈 형님이 하셨던 게 좋은 계기가 됐죠. 제가 정말 좋아하는 뮤지션이거든요. 제 색깔을 찾아주시고 지도해주셨어요.

멘토제를 잘 활용하는 팁이 있다면?

멘토를 염두에 두고 참여하는 게 좋을 것 같아요. 자신에게 어떤 멘토가 어울리고 필요한지 알고 접근해야죠. 그리고 정해진다면 그 분의 노래를 준비하는 게 좋을 것 같아요. 자기의 노래를 누군가 불러주는 것만큼 신경이 쓰이는 일도 없어요. 그런 인연이 생기면 멘토와 멘티로 만날 가능성은 높아지죠.

저 같은 경우는 요즘 20대 같지 않은 노래를 부르는 모습을 좋게 봐주셨던 것 같아요. '포스트' 김광석을 떠올릴 수 있으면 좋겠다 싶었는데 그런 느낌과 콘셉트를 볼 수 있었단 말씀을 많이 들었어요. 자신을 하나의 느낌으로 표현하는 것도 중요할 것 같아요.

체력적으로 힘들지는 않았나요?

중반으로 갈수록 체력 싸움이라는 생각이 들어요. 틈틈이 잠을 충분히 자고 좋은 걸 먹어두려고 했어요. 아마도 군대 생활이 그런 점에서는 도움이 됐어요. 일종의 적응력이죠. 체력도 체력이지만 정신 무장이 중요해요. 열심히 하되 부담을 갖지 말아야 하죠. 순간을 즐겨야 긴장을 떨칠 수 있죠. 멘토보다 대중에게 평가를 받는다는 사실을 떠올려야 해요.

가장 어려웠던 점이 있다면?

방송 시스템에 적응하는 것이 어려웠어요. 음악 방송이 아니라 공연이나 쇼에 가까운 구성이었어요. 대학가요제를 경험하긴 했지만 약간 다르더라고요. 생방송에 들어가면 몇 번 카메라를 보고 어떤 표정을 짓는가도 어느 정도 계획대로 움직여야 해요. 전 공연에 익숙했던 터라 틀에 맞춰서 노래한다는 점이 어려웠어요. 대신 무대 경험이 많은 (빽)청강이 같은 경우는 적응력이 빠른 걸 지켜볼 수 있었죠. 역시 경험은 재산인가봐요.

아마추어로서 감당할 긴장감이 컸겠군요?

대중에게 어필할 수 있는 능력이 100이라면 TV에서 보여줄 수 있는 건 20~30이 안 되는 것 같아요. 노래 실력이나 악기 연주를 또렷하게 어필할 수 있는 것을 보여줘야 해요. 브라운관을 뚫고 나와야 한다는 말씀들을 하시는데 그게 어떤 의미인지 나중에야 알겠더라고요.

《위대한 탄생》의 장점이 있다면 뭘까요?

지상파 방송사를 통하다 보니 노출도가 확실하더라고요. 다른 오디션 프로그램은 본선에 진출하고 점차 올라갈수록 유명해지고 주목을 받는데《위대한 탄생》은 본선에만 올라가면 마지막까지 살아남은 1등이나 처음 떨어진 진출자나 인지도에서 큰 차이가 없는 것 같아요. 생방송 전에 시청률이 높아져서 굳이 우승자가 아니라도 이름과 얼굴을 알릴 수 있는 것 같아요.

《위대한 탄생》지원자에게 해주고 싶은 말이 있다면?

비주류 음악을 하는 친구들에게 권해주고 싶어요. 이 친구들은 어쩔 수 없이 음악을 하면서 우월감이 있는 것 같아요. 이걸 버릴 수는 없어요. 대신 마음을 열어가는 과정이 중요하죠. 다른 음악하는 친구들을 보고 차이를 인정하고 배울 수 있었으면 좋겠어요. 그런 과정이 결국 자신의 음악에도 큰 도움이 될 수 있다고 생각해요. 저도 《위대한 탄생》에 참가하면서 숙제를 얻었어요. 대중성을 어떻게 입을 것인가에 대한 고민이 시작됐죠. 차원이 다른 무언가를 얻을 수 있는 것 같아요.

외국인이라면
한국을 많이 배워라

'외국인 지원자' 셰인

셰인이 전한 3가지 팁
1. 한국 · 한국어 · 한국문화를 익혀라
2. 외국인의 감성을 드러내라
3. 자기 관리에 소홀하면 안된다

"I am so proud of you(당신이 자랑스러워요)."
셰인의 통역을 담당했던 영어프로그램 작가 김소연이
남긴 말이다. 마지막 파이널 무대를 앞두고 셰인이 떨
어졌을 때 하차 소감으로 밝힌 것이다. TOP3에 올랐다
는 것만으로 충분히 자랑스럽다고 생각하는 것은 김
소연뿐 아니라 많은 팬들이 공감할 것이다.
'마성의 목소리' 셰인은 오디션 프로그램의 새로운 지
평을 열었다. 외국인 신분으로 국내 오디션 프로그램
《위대한 탄생》에 참가한 자체가 특별하다. 한국어를
전혀 사용할 줄 모르는 그는 매 미션마다 발음대로 가
사를 외워 가요를 그만의 색으로 펼쳐냈다. 미세한 감
정 표현과 매력적인 음색은 벽안(碧眼)의 지원자인 그를

'톱3'에 올려놓았다.

셰인은 유튜브에서는 이미 유명인사였다. 'Don't pick up'과 'Summer love' 등 총 11곡의 자작곡이 있다. 자신의 채널을 통해 자작곡을 선보일 때마다 조회수가 폭발적이었다. 약 70곡의 커버 곡이 있는 그는 빅뱅 중 태양의 광팬이라서 K-pop도 커버해 국내에서도 꽤 알려졌다. 이 같은 인연은 그를 미지의 나라 한국을 친근하고 가깝게 했고, 오디션 프로그램에 지원하는 모험을 감행하게 했다.

필리핀계 어머니의 영향으로 아시아에 대해 호감을 가지고 있었다는 셰인. 그의 도전은 자신마저도 '기적'이라고 할 정도로 많은 이들에게 놀라움과 감탄을 안겨줬다. 멘토 신승훈의 지도를 스펀지처럼 흡수하며 여린 감성을 고운 미성으로 표현했다. 어린 시절 한쪽 눈이 실명돼 의안에 의지하며 미션을 수행했다는 사실이 알려져 감동의 진폭을 넓혔다.

셰인은 《위대한 탄생》에 출연한 것을 "인생을 바꾼 사건"이라고 주저 없이 말한다. 그 자신이 원하는 것처럼 '기적'이 계속되기를 많은 이들이 바라고 있다.

> ❝
> 언어를 뛰어넘는
> 감정을 보여주려 했어요
> ❞

캐나다에서 한국 오디션 프로그램에 참가한 동기가 궁금합니다.

유튜브 채널을 통해 K-pop에 관심이 많았어요. 어머니가 필리핀 분이라 아시아 문화에 대해서도 친근했죠. K-pop 중에는 빅뱅의 태양 노래를 좋아했어요. 우연하게 유튜브를 통해 오디션 소식을 접했고 무언가에 끌리듯 지원하게 됐어요.

톱3에 당당히 들었는데, 지원 전에는 어느 정도의 성적을 예상했나요?

두 번째 예선에 통과해 한국에 갈 수 있으면 여행을 해야겠다 정도 생각했어요. 이렇게 7개월이 넘도록 한국에 머물게 될 줄은 정말 몰랐죠.

한국 노래를 얼마나 알고 있었나요?

유튜브를 통해 2NE1의 〈아파〉를 영어 버전으로 불러 올린 적이 있어요. 몇몇 곡을 영어로 커버해서 올리는 정도였죠. 한국어는 전혀 할 줄 몰라요. 오디션에 참가하면서 간단한 말은 알아듣게 됐지만 처음 올 때는 의사소통도 어려울 정도였죠.

외국인 지원자에게 가장 어려운 점은 역시 언어문제 같은데요.

맞아요. 아무래도 한국 노래를 위주로 미션이 진행되다 보니 언어를 배우는 문제가 가장 어려웠어요. 멜로디를 익히는 것도 어려운 데 말을 발음기호 식으로 암기해서 부르는 건 상상하는 것 이상으로 힘든 과정이었죠. 외국인 지원자라면 적어도 한글을 읽을 수 있거나 한국 노래를 많이 알아야 할 것 같아요.

문화적인 차이는 힘들지 않았나요?

어머니의 영향으로 아시아 문화가 친숙해요. 윗사람에게 예의를 갖추고 공손하게 대해야 한다는 건 잘 알고 있었죠. 음식도 어려움이 없었어요. 오히려 한국 음식이 입에 정말 잘 맞았어요. 삼겹살이나 불고기를 잘 먹었어요. 소주도 좋고요. 전 잘 적응했지만 한국 음식이나 문화가 낯선 외국인이라면 쉽지 않은 과정이 될 것 같아요. 7개월 이상 익숙하지 않은 환경에서 살아야 하니까요.

반대로 외국인 지원자가 얻는 장점이 있다면?

외국인이 한국 노래를 부르다 보니 익숙해 보이지 않는 것 같아요. 신기하고 신선하죠. 예를 들면 제가 '가요제 미션'에서 〈그때 그 사람〉을 트로트 식으로 부르는 걸 보고 많은 분들이 놀랐다는 말씀을 해주셨어요. 언어를 뛰어넘는 감성적인 부분이 있는 것 같아요. 그래서 감동을 느끼는 것 같아요.

그리고 아무래도 한국어에 미숙하기 때문에 이를 극복하고 배우려고 하는 모습을 좋아해 주시는 것 같아요. 이런 점들은 한국인 지원자들이 얻을 수 없는 부분이죠. 그리고 팝송 미션은 말씀 드리지 않아도 외국인 지원자에게 유리한 부분이 있죠.

주변에서 한국의 오디션 프로그램에 지원하려는 이들이 있습니까?

아시아계가 아니면 모를까 많지는 않아요. 하지만 내 모습을 보고 많은 이들이 다음 오디션에는 도전을 할 것으로 생각돼요. 유튜브에서 K-POP에 대한 관심이 높기 때문에 앞으로 더 많아질 거라 봐요.

외국인 지원자들에게 꼭 해주고 싶은 말이 있다면?

한국이라는 곳에 대해 많이 알수록 도움이 될 것 같아요. 예를 들면 인터넷이 이렇게 발달된 곳은 없어요. 저에 대한 정보를 많은 분들이 찾아내고 알아내는 걸 보고 사실 약간 겁이 나기도 했어요. 이런 것들도 처음에는 당황스러웠는데 한국이니까 이제 자연스러워요. 지금 생각하면 전 준비가 부족했어요. 한글을 읽을 수 있고 한국 노래를 많이 알수록 도움이 될 것이라는 걸 다시 강조하고 싶고요. 낯선 환경이지만 자기관리에 신경을 써야 한다는 얘기도 해드리고 싶네요. 어디서든 음악을 사랑하는 마음과 자신감을 잃지 않았으면 하고요.

이후 계획은 어떻게 준비하고 있는지?

지금까지 모든 일이 제 계획하고는 거리가 멀었어요. 7개월간 서울에 머물 줄은 몰랐죠. 일단 캐나다로 돌아가서 비자 문제를 해결하고 기회가 된다면 한국에서 음악 활동을 하고 싶어요. 제게 찾아온 기적 같은 일이 계속 되길 바라면서요.

★정엽

대한민국은 지금 오디션 열풍 속에 있다고 해도 과언이 아닙니다. 《슈퍼스타K》나 《위대한 탄생》에 수많은 지원자가 몰리는 것을 봐도 알 수 있는데요. 이렇게 오디션에 지원하는 사람들을 위해 조언을 해주신다면?

먼저 본인을 보여주어야 한다고 말씀 드리고 싶네요. 작곡 능력을 갖고 있는 분들도 있지만 대부분 다른 사람이 부른 곡들로 오디션에 지원하실 거예요. 음악과 노래 자체가 감성이잖아요. 오디션에서 흔히 저지르는 실수가 이미 다른 가수가 부른 곡의 감성을 흉내만 내다 오는 겁니다. 그래서 말씀 드리는 건데 본인이 가장 잘 할 수 있는 것들을 보여주었으면 해요. 노래하는 사람이나 듣는 사람이나 기존 가수의 감성에 익숙하지만 신경 쓰지 말고 본인이 제일 잘할 수 있는 것들을 담아내시기 바랍니다. 그렇게 하면 억지로 애쓸 필요 없이 자연스레 본인의 감성이 담기게 될 테니까요. 제가 가성을 찾은 것처럼 분명 여러분은 본인이 잘 할 수 있고, 잘 하는 것들을 알고 있어요. 잘 모르시겠다면 해답은 연습 밖에 없습니다. 무모하다 싶을 정도로 연습을 해서라도 남들이 들었을 때 '이 부분은 제일 자신 있어 하는구나' 라고 생각하게 만드세요. 그 무대의 연출가는 바로 자기 자신입니다.

가수를 꿈꾸는 사람들에게 당부하고 싶은 이야기가 있다면?

제 인생의 좌우명이기도 한데 거북이가 되셨으면 합니다. 충분히 연습과 장점을 갖추었다고 해도 한걸음씩 나아간다는 마음을 항상 가지고 있어야 합니다. 그래야 어떤 상황이 와도 무너지지 않고 노래할 수 있는 사람이 될 수 있다고 생각해요. 가수라는 사람은 기본적으로 노래를 하는 사람이고 어떤 상황에서도 완벽하게 노래를 해야 하니까 오디션은 그것들을 준비하는 단계라고 생각하시면 됩니다. 너무 빨리 앞서길 바라지 마시고 충분히 나를 보면서 스스로 조금씩 앞으로 나아가게 할 수 있는 그런 느린 사람이 되셨으면 좋겠습니다.

"
제 인생의
좌우명이기도 한데
거북이가
되셨으면 합니다
"

★FT아일랜드

오디션을 보게 된 동기는 무엇인가요?

민환 저한테 여동생이 있는데 정말 예쁘게 생겨서 어렸을 때 연기학원을 다녔거든요. 저도 연기학원에 따라갔다가 부모님께서 같이 해보라고 하셔서 연기를 시작했었어요. 근데 저는 어렸을 때부터 음악을 굉장히 좋아해서 드럼을 초등학교 때부터 배우고 있었거든요. 그래서 연기도 배우고 드럼도 치던 중 밴드 오디션이 있다는 얘기를 듣고 지원을 했어요. 부모님께서 많이 반대하셨는데 음악이 너무 좋아서 반대도 무릅쓰고 오디션을 봤습니다. 그래서 지금 FT아일랜드가 됐습니다.

승현 제가 원래 꿈이 가수 겸 배우였거든요. 그래서 꿈을 이루기 위해 중 3때 오디션을 봐야 겠다고 마음을 먹었어요. 그러고 나서 운이 좋게도 지금 제가 소속 되어 있는 F&C 뮤직의 오디션 기회를 얻었습니다. 사실 그 전에도 제 입으로는 말하긴 쑥스럽지만 외모만 보고 길거리 캐스팅을 여러 번 받았었는데요. 그럼에도 불구하고 지금 회사의 오디션을 본 건 직접 기타를 연주하고 노래할 수 있다는 점이 매력적으로 느껴졌기 때문이에요.

재진 저는 연예계에 관심이 많던 누나의 소개로 오디션을 보게 되었었는데요. 원래부터 학교 밴드에서 베이스를 치고 있었거든요. 제가 오디션을 볼 때는 밴드악기를 다루는 친구들이 많이 없었기 때문에 유리했던 것 같아요.

종훈 제가 어렸을 때 패션에도 관심이 많고 친구들과 어울려 노는 것도 좋아했어요. 그러던 중 길거리 캐스팅이 되었는데 저는 연예인에 관심이 없었을 때라 별 생각없이 넘겼죠. 그러다 나중에 철이 들 무렵 문득 '나도 뭔가 해야 되겠구나'란 생각이 들어서 길거리 캐스팅을 해주었던 회사에 오디션을 지원해봤습니다. 그 결과 지금 FT아일랜드로 활동할 수 있게 됐습니다.

Audition

홍기 저는 이미 어린 시절부터 아역 배우로 연예계 활동을 하고 있는데요. 제가 노래 하는 것을 좋아하고 자주 부르다 보니 주변 분들께서 가수를 권하셨어요. 그래서 오디션을 보기 시작했습니다. 운이 좋아 지금의 회사에서 저를 뽑아주셔서 FT아일랜드의 메인보컬이자 배우로 활동하고 있습니다.

후배들에게 알려주고 싶은 본인만의 오디션 노하우가 있다면?
민환 저도 굉장히 많이 오디션을 보러 다녔는데요. 몇 가지 기본적인 것들만 지키면 되는 것

"
오디션은 첫인상이
가장 중요한 것 같아요.
"

같아요. 사람은 첫인상이 중요하다고들 하잖아요. 옷을 깔끔하게 멋 부리지 않고 입고 가는 게 좋을 것 같고요. 예의 바르게, 가식적인 모습은 보이지 않는 것이 좋아요. 또 실력도 중요하기 때문에 자기가 자신 있는 부분, 즉 노래면 노래, 연기면 연기, 악기는 악기, 개인기 등을 준비해서 긴장하지 말고 보여주면 될 것 같아요. 또 자신만이 할 수 있는 비기가 있어야 할 것 같습니다. 그리고 외모보다 중요한 게 내면이잖아요. 자신을 표현할 수 있는 자기소개서를 준비해서 횡설수설하지 않고 정리해서 말하면 좋습니다. 거짓말은 절대! 하시면 안 되고요.

승현 오디션이라는 건 그 사람이 얼마나 잘 하느냐가 아니라 얼마나 발전 가능성이 있느냐를 보는 거라고 생각해요. 또 첫 인상이 굉장히 중요한 것 같아요. 웃는 얼굴에 인사를 잘하고 예의 바른 친구들이 오디션을 성공적으로 마치고 붙는 경우를 많이 봤습니다. 물론 사람마다 회사마다 심사위원이든 기획사든 뽑는 기준이 다르겠죠. 하지만 예의 바르고 발전 가능성이 있는 친구와 예의가 없고 발전 가능성이 있는 친구 중엔 당연히 예의가 있는 친구를 뽑겠죠. 첫 인상이 중요합니다. 꼭 명심하세요!

재진 오디션을 볼 때는 확실히 자신 있고, 또 열정이 있는 부분에 대해서 지원해야 해요. 오디션을 위해 엄청난 준비를 했다고 하더라도 실제로 오디션을 보면 이리 치이고 저리 치여서 자기가 준비한 모습을 제대로 보여주지 못하는 경우가 많거든요. 정말 핵심적인 부분만 준비해서 임팩트 있게 보여주는 것이 현명한 것 같아요.

종훈 오디션은 첫인상이 가장 중요한 것 같아요. 저의 경우엔 감독관과 1:1로 오디션을 치렀는데요, 그렇기 때문에 오디션을 감독하는 분께서 저를 더욱 집중해서 관찰하시더라구요. 실수하는 것, 잘 못하는 부분들을 디테일하게 보기 때문에 1:1 오디션을 보는 경우에는 더 세심히 준비하셔야 합니다.

홍기 오디션을 볼 때는 자신감이 가장 중요한 것 같아요. 오디션을 보러 온 많은 사람 가운데서 심사위원의 눈에 자신이 가장 돋보여야 하거든요. 그렇다고 너무 나서게 되면 오히려 역효과가 발생할 수도 있기 때문에 자신을 적절하게 드러내고 감추는 마인드 컨트롤이 중요하다고 할 수 있어요. 이것만 완벽하게 하신다면 오디션은 문제없다고 생각합니다.

★슈프림팀
당당하게, 뻔뻔하게, 솔직하게!

Simon D 오디션을 볼 때 래퍼는 본인만의 태도를 심사위원들에게 잘 전달해야 합니다. 힙합은 우선 음악적인 '멋'이 나야 하죠. 그런데 멋은 태도에서 나옵니다. 자신만의 개성이나 스타일, 사고방식, 신념이 바로 태도인데 태도는 선천적으로 형성되는 것이 아닙니다. 정말 후천적인 노력과 정신적인 투자에 의해 생겨나는 것이죠.

저는 중 2때부터 제 얘기를 가사로 써내려가는 연습을 했습니다. 래퍼라면 다른 래퍼들의 카피도 도움이 되지만, 제일 중요한 것은 반드시 자기만의 가사와 랩 톤, 스킬이 있어야 합니다. 저는 비록 학업은 소홀했지만 생활의 일부분 중 많은 시간을 가사를 만드는 데 할애했습니다.

지방에 살았기 때문에 서울의 힙합공연이나 페스티벌을 부러워했죠. 언젠가 큰 무대에 서서 마이크를 잡는 꿈을 키워나갔습니다. 꿈이 커질수록 목표는 확실해져갔고, 부산 언더그라운드의 근원지에서 랩을 통해 오버로 올라오기에 이르렀습니다.

이것이 제가 말한 후천적인 노력이에요. 낯선 오디션 현장에서 제가 보여줄 수 있는 무기는 많은 연습량과 실력, 솔직한 가사 그리고 진심이었습니다. 그럴듯한 포장지로 자신을 예쁘게 포장하지 말고, 차라리 다듬어지진 않았지만, 진실되고 잠재력 있는 원석으로 자신을 보여주는 게 낫다고 생각합니다.

당당해지던가 뻔뻔해지던가, 그리고 솔직해지는 것! 저는 그것이 심사위원들에게 어필할 수 있는 힙합의 모습이라고 생각합니다.

래퍼는 오로지 '실력'만 있으면 어느 곳에서든 살아남을 수 있어요. 제가 그래왔던 것처럼.

E-Sens 어떻게 하면 오디션에서 유리할까요. 또 심사위원들을 어떻게 만족시킬까요?
아직 굉장히 미숙하고, 음악활동 기간이 짧은 사람으로서 대답하기 어려운 부분이에요.
오디션은 큰 기회입니다. 그 기회를 잡기 위해서는 다른 참가자들보다 실력이 뛰어나야 하고,

255
Audition

점수도 더 얻어야 합니다. 그러나 초조해하면 안 돼요. 오디션 현장에서 평소보다 뛰어난 집중력을 보인다 해도 실력이 갑자기 좋아지거나 크게 바뀌는 것은 없습니다. 현재의 나를 보여주는 수밖에 없죠. 평소 실력을 쌓으라고 얘기하고 싶어요. 실력이 있다면 자신감이 있을 것이고, 자신감이 있으면 긴장은 필요한 만큼만 하게 될 테니까요.

혹시라도 오디션에서 심사위원에게 독설을 들었다거나, 떨어졌다고 해서 낙담하지 않았으면 합니다. 오디션은 '내가 선택할 수 있는 수많은 길 중의 하나'라고 생각하는 게 좋습니다. 계속 음악을 한다면 어떤 방식으로든 기회는 생깁니다.

'어차피 난 지금 음악을 하고 있고, 앞으로 쭉 열심히 할 것이기 때문에 더 나아질 것이다'라고 생각하세요.

그리고 덧붙이자면 심사위원들 앞에서 긴장하지 말고 그냥 관객 앞에서 공연한다고 생각하세요. 그렇게 자연스럽게 노래하는 사람들한테 집중할 수 밖에 없을 겁니다.

★ 씨엔블루
밴드라고 연주만 하란 법 있나요?

정신 밴드는 무대 위의 에너지를 관객들과 공유해야 해요. 오디션 때 이를 적절히 표현하면 밴드 멤버로서 충분한 어필할 수 있어요. 그리고 자신감이 없으면 남들 앞에서 자신의 원래 실력을 보일 수 없기 때문에 자신감을 가지는 것이 중요한 것 같아요. 끊임없이 연습하고 좋은 컨디션으로 오디션을 보는 것이 최선이에요. 적어도 이 두 가지만 기억한다면 오디션은 충분히 합격할 수 있을 거에요.

용화 밴드 리더서 말씀드리고 싶은 것은 무대를 즐기는 여유를 가지라는 것입니다. 무대에서 악기 연주를 하다보면 실수도 생기고 돌발 상황도 많이 일어나거든요. 그래서 있는 그대로 무대를 즐기면서 카리스마를 보여줄 수 있는 여유가 필요한 것 같아요. 이를 오디션 때 응용하자면 심사위원을 관객이라고 생각하면 도움이 될 수 있죠.

Audition

밴드는 다른 댄스가수보다 무대에서 표현할 수 있는 역동성이 부족한 면이 있어요. 역으로 악기 연주를 하면서 무대를 압도할 수 있는 카리스마를 보여주거나 퍼포먼스를 준비한다면 큰 도움이 될 수 있습니다.

민혁 밴드 드러머로서 명심해야 할 것은 내 앞에서 연주하고 있는 멤버들을 지켜줄 수 있는 든든한 모습을 가지고 있어야 한다는 점이에요. 오디션 때 멤버들 간의 적절한 아이컨택과 커뮤니케이션하도록 노력하세요. 무대도 좋아지고 멤버들에게 신뢰를 줄 수 있어요. 또 퍼포먼스도 중요해요. 밴드라고 가만히 서서 연주만 해야 한다고 생각하지 않아요. 훌륭한 연주와 적절한 퍼포먼스가 결합된다면 관객들에게 듣는 것 뿐 아니라 보는 즐거움도 선사할 수 있어요. 또 밴드라고 악기 연주에만 너무 몰입하면 관객에게 소홀해질 수 있으니 무대 위 뿐만 아니라 무대 아래 관객과도 하나된 공연을 만들기 위해 노력하세요.

종현 밴드 기타리스트로서 말씀 드리고 싶은 것은 끊임없는 연습과 새로운 음악에 대한 탐구를 게을리하면 안 된다는 것입니다. 밴드의 매력인 소리를 풍부하게 표현할 줄 안다면 꼭 오디션에 합격할 수 있다고 생각해요. 그리고 관객과 하나가 된 무대를 만들어 내기 위해 노력해야 해요. 관객들 입장에서는 처음 듣는 음악에 빠져드는 것이 쉽지 않거든요. 그래서 처음 듣는 음악도 공감할 수 있도록 관객들이 즐길 수 있게 하는 것이 도움이 될 거예요. 심사위원까지 심사 시간을 즐길 수 있게 만들면 더 좋은 결과가 생기지 않을까요?
그리고 퍼포먼스도 중요해요. 듣는 행복에 보는 즐거움까지 줄 수 있다면 그것이야 말로 최고의 무대 연출이 아닐까 생각합니다. 밴드라고 가만히 연주만 해야 한다는 생각은 버리세요. 적절한 퍼포먼스가 연출된다면 결과에 좋은 영향을 줄 테니까요.

259
Audition

오디션 완전정복

공부를 제쳐두고 시험이 코밑에 바싹 닥칠 때까지 함께 놀았던 친구. 하지만 성적은 신기하게도 늘 나보다 앞섰다. 한 번이라면 우연일 수 있지만 두 번은 필연이다. 거듭된 이 친구의 기적 같은 능력에는 역시 비밀 병기가 숨어 있었다. 흔히 예상할 수 있는 고액의 족집게 과외도, 현란한 찍기 기술도, 필살의 암기 능력도 아니다.

오랜 추궁과 회유 끝에 알아낸 이 친구의 비결은 기가 막혀 말이 안 나올 정도로 너무나 단순한 것이었다. 일년 먼저 학교에 들어간 형의 시험지를 살펴봤다는 것. 하지만 핵심을 찌르는 원리는 언제나 단순하단 걸 잊어선 곤란하다. 손때 묻은 종이 몇 장이 때론 우리에게 험난한 관문을 뚫고 끝없이 비상하게 하는 비기秘記가 되기도 한다.

어떤 문제가 어떻게 출제되는지, 초등학생이 출제 경향을 알고 시험을 볼 생각을 했다는 자체가 지금 돌아보면 신기한 일이다. 운이 좋으면 보기까지 똑같은 문제를 만나기도 한다며 자랑스레 무용담을 펼치던 친구의 기억을 새삼 들춘 건 다름 아닌 '족보' 즉, 출제 경향의 중요성 때문이다.

오디션 프로그램에 지원한다면 그해 오디션 경연장 기저에 흐르는 기운을 감지해낼 필요가 있다. 전 시즌을 면밀하게 살펴보면 막연했던 오디션의 상像이 보다 또렷해질 것이다. 어

떤 지원자들이 강세를 보였고 결국 우승은 누가 차지했는지 그리고 어떤 미션이 진행됐는지 따져보고 대비책까지 마련하고 이를 머릿속에 담고 오디션에 임한다면 당신은 완벽히 '준비된' 지원자다.

《슈퍼스타K》 시즌2의 최종 우승자 허각은 지원하기 전 《슈퍼스타K》 시즌1을 습관적으로 '다시보기' 했다. 존박과 끈끈한 우정을 과시할 수 있었던 것은 그가 《아메리칸 아이돌》의 열렬한 팬이었기 때문이기도 하다. 살벌한 긴장과 냉혹한 선택의 순간에 놓일 때마다 예전에 봤던 그 장면을 떠올리며 감각적으로 움직였다는 허각의 말은 새 시즌을 노리는 지원자라면 그냥 지나칠 수 없는 얘기다.

《슈퍼스타K》의 시즌1,2와 《위대한 탄생》 시즌1의 결과를 통해 예상되는 앞으로의 변수와 경향을 짚어봤다. 여기에 프로그램의 제작진과 대형기획사 오디션 담당자 그리고 전 시즌 지원자들과의 의견을 대거 수용했다.

자신 있다면 양다리쯤이야

오디션의 양대 산맥인 《슈퍼스타K》와 《위대한 탄생》이 비슷한 시기에 치러진다. 여기에 밴드를 특화한 《밴드 서바이벌 TOP밴드》가 가세하면서 가수 지망생들의 가슴은 두근두근 설렐 수밖에 없다.

그동안 오디션을 손꼽아 기다린 이들에게 기회가 늘어난 점은 고무적이다. 오디션의 기본 골격은 유사하기 때문에 가수 지망생들은 희망적으로 이를 반기고 있다. 짐짓 좋은 실력을 자부하는 지원자로서는 2번 이상의 온전한 기회가 줄어들었다고 불평할 테지만, 전형 과정이나 일정을 자세히 살펴서 최대한 기회를 누릴 필요가 있다.

《슈퍼스타K》는 지역 연고를 특별하게 따지지 않는다. 춘천 출신의 이보람이 서울 예선에 임

했고 서울 출신의 김지수가 제주 예선에서 본선 진출을 확정했다. 주최 측에선 지원자들의 화제성과 함께 지역 안배를 고려하는 것으로 알려졌다. 《위대한 탄생》과 《밴드 서바이벌 TOP 밴드》에도 지원했다면 각 지역 예선 일정이 겹치지 않게 조정하는 것도 전략이다.

복수지원이 심사위원 평가에 감점으로 작용하지는 않을 것이다. 《슈퍼스타K》의 경우 계열 방송사에서 진행하는 《코리아 갓 탤런트》에 교차지원을 허용하는 열린 태도를 보이고 있다. 이는 《위대한 탄생》도 큰 차이를 보이지 않을 것이다.

여러 예선에 동시에 발을 걸치는 지원자를 이해 못하는 제작진은 없겠지만, 한 곳만 바라보고 전력을 다하는 지원자에게 호감을 느끼지 않을 제작진도 역시 없다. 만약 한 곳만 지원하게 된다면 충성도를 충분히 과시할 필요가 있다.

2개 이상의 오디션에 동시에 참가하는 지원자는 집중력이 분산되거나 체력이 고갈돼 제대로 실력 발휘를 하지 못할 수 있다. 체력과 마인드 컨트롤은 기본이고, 레퍼토리 선정 등 참가 과정에서 보다 철저한 자기관리가 필요하다.

뭉치면 산다, 밴드의 역습

허각은 다음 시즌 우승자를 예상해달라는 질문에 의외의 답을 꺼냈다. "아카펠라 그룹이 등장할 때가 됐어요. 비트박스를 넣으면서 자유자재로 노래에 화음을 넣는다면 강력한 우승후보가 되지 않을까요?"

허각의 감※이 맞아 떨어질지 미지수다. 하지만 분명한 것은 그룹이나 밴드에게 다가오는 오디션들은 특별할 것이다.

《슈퍼스타K》의 경우를 보자. 서인국과 허각, 두 차례의 오디션에서 최종 우승자로 뽑힌 이들은 모두 보컬리스트다. R&B와 소울에 강점을 보였다는 공통점도 눈에 띈다. 하지만 이들은 분명히 다른 개성으로 무장돼 있다. 서인국이 안무를 겸할 수 있는 전천후 스타성으로 높은 점수를 얻었다면 허각은 오로지 노래로 승부를 거는 보컬리스트라는 부분에 무게를 실었다. 시즌2의 경우 통기타를 들고 나온 싱어송라이터나 기타리스트의 약진이 두드러졌다. 장재인, 김지수, 강승윤, 김그림, 김보경 등이 그렇다. '포크 신드롬'을 불러일으킬 정도의 강렬한 인상을 남겼다. 하지만 우승은 허각이었다. 준우승을 차지한 존박 역시 기타는 들고 있지 않았다. 기대와는 다른 결과이다.

우승자는 곧 그 오디션이 추구하는 지점을 단적으로 보여주는 상징이다. 성향은 다르지만 두 차례나 '보컬리스트'로 결론을 지으면서 《슈퍼스타K》는 변화에 목말라 하고 있다. 《슈퍼스타K》는 보컬리스트를 우선으로 뽑는 프로그램이라는 선입견이 굳어지기를 원치 않는다. 그래서 제작진이 추구하는 '다양성'이라는 단어에는 노래, 즉 보컬리스트에 무게를 뒀던 형식에 변화를 주겠다는 의도가 담겨 있다.

《위대한 탄생》의 고민도 크게 다르지 않다. 톱12에는 그룹이나 밴드 출신이 한 명도 없었다. 대대적인 변화를 고민 중인 《위대한 탄생》으로선 피할 수 없는 선택이기도 하다. 멘토로서 대중에게 각광받은 김태원이 유명 밴드 부활의 리더로 활동하고 있다는 점도 향후 변화에 대한 예고가 될 수 있다.

다시 《슈퍼스타K》를 보면 제작진은 대놓고 그룹과 밴드가 소외받지 않도록 지원하겠다고 천명했다. 여기에는 듀오나 트리오 등도 포함된다. 상당히 의외의 발언이다. 공정성을 최고의 덕목으로 삼아야 하는 오디션 프로그램의 제작진이 특정 부류의 참가자를 지원하고 나섰다.

미션마다 그룹이나 밴드의 멤버별로 찢어지지 않도록 하는 방안이 논의됐다. 예선부터 피아노를 비롯한 악기를 연주할 수 있는 여건을 만들어주고 있다. 이는 밴드와 그룹에 대한 보이지 않는 적극적인 배려다. 미션이나 경쟁에도 점진적인 변화가 예상된다. 밴드나 그룹 지원자는 자신들의 특성을 살릴 만한 레퍼토리를 다양하게 준비할 필요성이 있다. 합주와 편곡의 묘미를 살려야 할 것이다. 반대로 이들을 상대할 이들은 그에 맞는 대책을 강구해야 한다.

《슈퍼스타K》 지원자 사이에서는 벌써부터 본선에 오르면 '다대일'의 미션이 나올 것이라는 예상이 나오고 있다. 지원자 여럿을 묶어 밴드 한 팀이나 그룹과 대결을 벌인다는 시나리오다. 이전에도 다른 지원자와 경쟁과 협력을 통해 프로의 세계에서 살아남을 자생력과 적응력을 판단하곤 했다. 밴드의 고유성을 살리면서 다른 지원자의 협업을 유도하는 '다대일' 경쟁 미션은 지원자들이 염두에 둬야 하는 주요 변화 요소다. 이는 '슈퍼위크'에서 숱한 탈락자를 만들어낸 그룹 미션의 '변형꼴'이기도 하다.

이를 위해서는 본인이 팀에서 어떤 역할을 맡을지를 고민해야 한다. 자신이 갖추지 못한 점을 어떤 지원자로 보충할지도 미션 과정에서 끊임없이 따져야 한다.

징크스를 조심해

오디션 괴담이 있다. 매년 비슷한 과정을 통해 유사한 지원자들이 걸러지면서 '평행이론'이 퍼지게 된 것이다. '평행이론'이란 같은 일이 시차를 두고 다른 사람에게 반복된다는 걸 말한다.

본선을 앞두고 휴학한 여자 지원자가 탈락한다는 김소정과 권리세의 '휴학 징크스'와 남자 지원자 가운데 막내가 가장 먼저 떨어진다는 앤드류 넬슨과 황지환의 '막내 괴담' 같은 것이 있었다.

《슈퍼스타K》의 경우 2년 연속으로 '톱4'의 남녀 비율은 남자 셋에 여자 하나였다. 이 중 늘 남자(박태진·강승윤)가 먼저 탈락했고 홀로 남은 여자 지원자(길학미·장재인)는 약속이나 한 듯 두 번째에 떨어졌다. 여성 지원자의 최고 성적표는 3등이다.

본선 진출자 가운데 춤을 추며 노래를 부르는 댄스퍼포머의 약세도 반복됐다. 김주왕이 고배를 마셨고 김소정, 이보람도 좋은 순위를 얻지 못했다.

이러한 의도하지 않은 설은 오디션 관계자들을 당혹스럽게 한다. 특정 지원자를 선호한다는 인상은 지원자 성향의 편중을 가져올 수 있기 때문이다. 심사위원들은 성별과 장르에 대한 안배는 물론 지원자들의 스타성을 돋보이게 하는 데 주력할 것으로 보인다. 시기적으로도 최초의 여성 우승자나 보컬리스트를 탈피한 우승자가 나올 시기가 됐다.

그러나 지원자 역시 역발상이 필요한 시점이다. 제2의 허각, 제3의 서인국을 노린다면 불리할 수도 있다. 《슈퍼스타K》 시즌2에서도 서인국을 연상시키는 지원자 대부분은 본선 무대를 밟지 못했다.

오디션 담당자들은 말한다. '아류'가 될 바에야 '변수'가 되라고. 문자투표에 약세를 보이는 여성 지원자도 라이브에 부담이 큰 댄스퍼포머도 포기하지 말라는 뜻이다. 남과 다른 면을 오히려 적극 연마하다 보면 '변수'가 제대로 '대세'가 될 수 있기 때문이다.

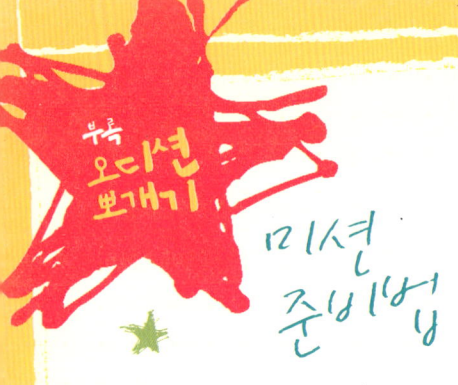

미션
준비법

준비한 노래를, 혹은 지정된 노래를 부르고 평가받던 오디션, 그 단조롭던 형식은 이제 옛이 야기가 됐다. 앞서 소개했듯이 싸움의 설계가 복잡하고 치밀해지면서 다양한 미션으로 지원 자의 재능을 평가하기 시작했다.

《슈퍼스타K》가 매년 진행되고 《위대한 탄생》이 후발 주자로 등장하면서 지원자들이 오디션 에서 미션을 수행하는 것이 통과의례처럼 돼버렸다. 유명가수의 히트곡을 재해석해서 부르 는 리메이크 미션은 이제 흔하다.

신인 작곡가의 노래를 듣고 가사를 붙이거나 뮤지컬의 한 대목을 재현하는 미션도 등장했다. 전자는 싱어송라이터로서 자질을 보기 위한 것이고, 후자는 표현력을 평가하기 위한 것이었 다. 뿐만 아니라 외국인을 대상으로 노래를 부르는 미션도 매년 등장하고 있다. 언어의 장벽 에 주눅들지 않고 무대를 장악하는 능력을 보기 위한 장치다.

그럼에도 노래를 부르는 가수를 선발한다는 기본 취지 때문에 미션을 매번 새롭게 구성하는 데에는 한계가 있다. 매년 고정적으로 등장하는 미션이 있는가 하면, 시의적인 이벤트로 새 로운 미션이 추가될 수 있다는 이야기다.

따라서 오디션 지원자라면 반드시 나올 듯한 미션은 어느 정도 대비하고 있어야 한다. 예를

들어《슈퍼스타K》지원자들이 '최대 고비'로 꼽는 '슈퍼위크'에서, 3차 지역 예선에 참가한 심사위원의 노래가 미션 곡으로 등장하는 것은 이제 고정된 룰로 보인다.

이들의 노래를 재료로 다양한 시도를 준비하는 것은 이제 반드시 거쳐야 할 준비 과정이다. 시의적으로 나올 법한 추가 미션에 대한 대비까지 함께 갖춰야 한다. 데뷔 20주년을 맞은 김건모의 히트곡은 시즌1에서 이승철을 대신할 가능성도 있다. 결성 40주년을 맞은 그룹 퀸은 지난해 마이클 잭슨 미션의 대체제로 충분해 보인다.

언급한 특정 미션이 등장하지 않는다고 해도 유형을 익히고 미리 대비한다면 어떤 문제가 나와도 자신만의 색을 드러낼 수 있을 것이다. 미션이 발표되면 무작정 달려들지 말고 '왜 이 미션을 제시했을까?'라고 스스로에게 먼저 질문을 던져보자. 심사위원의 마음을 읽으면 준비는 한결 수월해진다.

부록
오디션
뽀개기

게임의
법칙

《슈퍼스타K》는 가수들이 심사위원으로 나서는 3차 지역 예선에서 3가지 기본 원칙을 내세운다. 가장 중요한 것은 평가 방식. 지원자가 노래를 부를 때 3명의 심사위원이 경고 버튼을 누를 수 있다. 경고 버튼 총 10회가 되면 탈락이고 바로 퇴장해야 한다. 10회 미만의 경고를 받으면 3명의 심사위원 가운데 2명 이상의 합격 판정을 받아야 한다.

지역 예선에서 평균 2/3 이상이 10회의 경고와 함께 자동 탈락돼 왔다. TV 방송분에 이들이 등장하지 않는 것은 워낙 수가 많기 때문이다. 이들의 경우 기본적인 자질이 부족하거나 준비가 부족한 사람들이라고 한다.

우리가 집중할 대목은 나머지 1/3의 지원자다. 이들은 심사위원을 고민에 빠뜨리곤 한다. 대단한 실력을 가진 이들도 있지만 대부분은 미묘한 차이로 합격과 불합격을 오간다. 이때 합격과 불합격을 가르는 핵심 원칙은 지원자가 다음 단계인 '슈퍼위크'에 오를 만한 인물인지 여부다.

단점이 있다면 개선의 여지가 있는지, 지원자 가운데 희소성이 있는 인물인지 등을 심사위원은 짧은 시간에 판단해 지원자에게 대입한다. 개성을 강조하고 단점을 보완하겠다는 의지를 피력하라는 얘기는 식상할 정도로 원론적이다.

또 하나 노래는 기본적으로 반주에 맞춰 부르는게 좋다. 그러나 마이크 없이 무반주로 노래하는 연습도 필요하다. 특히 오디션에서 가장 기본적인 룰인데 가장 소홀하기 쉬운 점이기도 하다. 노래방을 비롯해 반주가 있는 환경에서 연습하던 지원자에게는 굉장히 치명적일 수 있다. 반주를 충분히 반복해 들어서 무반주 상황에 적응해야 한다.

출제자가 지원자에게 왜 이런 여건을 만들어줬는지도 한 번 생각해보자. 이 과정은 목소리로 받는 일종의 '신체검사'라고 볼 수 있다. 무반주에 마이크 없이 노래한다는 것은 지원자 본연의 음색과 성량에 집중하겠다는 뜻이다. 여기에는 반주의 도움 없이 리듬감과 표현력을 확인하겠다는 의지도 포함된다.

따라서 무반주로 노래를 연습하면서 역으로 이들의 체크 포인트를 따져볼 필요가 있다. 비유를 하자면 화장을 벗겨낸 민낯으로 다니는 것에 익숙해져야 한다. 예고 없이 민낯으로 대로를 활보할 때 느낄 당혹감과 난처함을 생각해보라. 사전에 이런 두려움을 떨쳐내는 훈련을 거쳐야 제 실력을 낼 수 있다.

무반주로 부르는 노래도 마찬가지다. 자신의 성량과 음색, 그리고 리듬감과 표현력에 대해 스스로나 주변의 모니터를 반드시 거쳐야 한다. 이는 자신에게 어울리는 '맞춤 곡'을 고르기 위해서 지원자가 거쳐야 할 가장 기본적이고 기초적인 준비 과정이기도 하다. 일의 경중을 떠나 기본에 충실하고 기초를 다지는 것만큼 성공의 확률을 높이는 것도 드물다는 걸 잊지 말자.

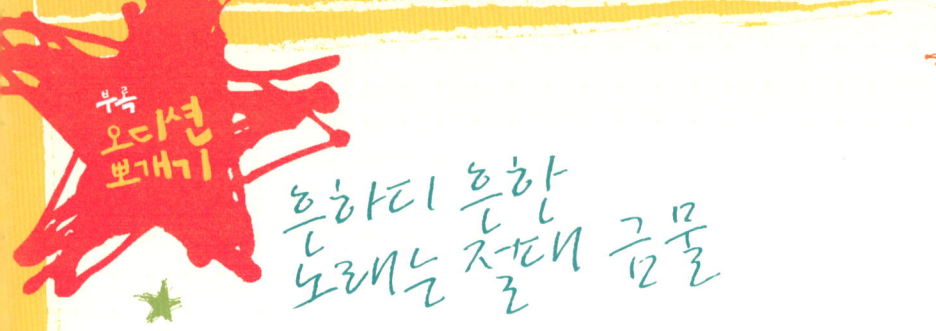

흔하디 흔한 노래는 절대 금물

이은미의 〈애인 있어요〉는 오디션에서 가장 많이 부르는 노래다. 8개 도시에서 열린 《슈퍼스타K》 시즌2 지역 예선에서 한 사람 건너 이 노래를 불렀다는 우스개가 퍼질 정도. 같은 노래를 자주 듣다 보면 주목도는 떨어지기 마련이다. 설상가상 흥미는 없는데 자연스럽게 비교도 당한다.

굳이 이런 불리한 상황을 자처할 필요가 있을까? 아래 표는 《슈퍼스타K》 제작진이 엄선한 오디션에서 많이 부르는 남녀 가수 노래 5곡이다. 많이 부른다고 좋은 곡으로 보기는 어렵다. 오히려 많이 부르기 때문에 '기피해야 할 노래'로 봐야 맞다. 이 노래를 선곡하려던 지원자는 자신의 선택이 과연 최선인지 한 번 더 고민하기 바란다.

남자 지원자에게 포맨과 바이브, 김범수 등이 '바이블'로 통했다면 여자 지원자들은 이은미, 빅마마(이영현·이지영 솔로곡 포함), 백지영 등을 신봉했다.

특히 눈여겨봐야 할 순위는 남자 5위다. 시즌1의 우승자 서인국의 〈부른다〉는 우승을 갈망하는 시즌2 지원자에게 많은 선택을 받았다. 하지만 성공적인 선곡은 아니었다. 이듬해 시즌에서 전년도 우승자의 아류를 선택하고 싶어 하는 심사위원은 없을 테니 말이다.

아무리 이렇게 경고를 해도 지원자들은 전년도 영향에서 자유롭지 못하다. 올해도 많은 지

원자가 지난해 우승자 허각의 그림자를 쫓을 것이다. 따라서 지난해 허각이 시즌2 미션에서 불러 화제가 됐던 〈너의 뒤에서〉〈죽어도 못 보내〉〈조조할인〉〈안녕이라고 말하지 마〉〈하늘을 달리다〉〈사랑비〉 등을 비롯해 우승을 확정하며 부른 〈언제나〉도 '위험 곡' 선상에 올려놔야 할 것이다.

★ 오디션에서 가장 많이 부르는 남녀 노래 BEST 5 ★

순위	가수	노래
1	포맨	못해
	이은미	애인 있어요
2	김범수	보고 싶다
	이영현&제아	하모니
3	2AM	이 노래
	빅마마	체념
4	2AM	친구의 고백
	백지영	사랑 안 해
5	서인국	부른다
	에이트	심장이 없어

● 남자 ● 여자

스타 오디션
30초의 승부

지은이 | 조영수 · 김성한
기　획 | 김성한
펴낸이 | 김경태
펴낸곳 | 한국경제신문 한경BP

제1판 1쇄 인쇄 | 2011년 7월 13일
제1판 1쇄 발행 | 2011년 7월 20일

주소 | 서울특별시 중구 중림동 441
기획출판팀 | 3604-553~6
영업마케팅팀 | 3604-595, 555　FAX | 3604-599
홈페이지 | http://www.hankyungbp.com
전자우편 | bp@hankyungbp.com
등록 | 제 2-315(1967. 5. 15)

ISBN 978-89-475-2808-5　13670
값　16,800원

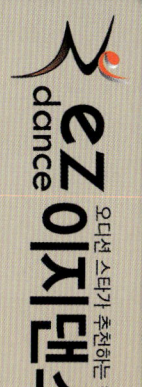

절취선

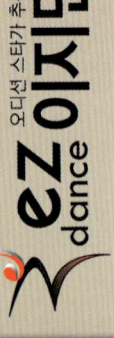

오디션 스타가 추천하는 학원
ez 이지댄스
dance

스타오디션, 재즈댄스, 방송댄스, 힙합, 걸스, 클럽, 나이트, 단체, 개인레슨, 다이어트, 입시 전문

자세한 수강 안내 및 학원 위치는 대표전화(1588-9927) 또는 홈페이지(www.ezdance.co.kr)를 이용바랍니다.